U0690612

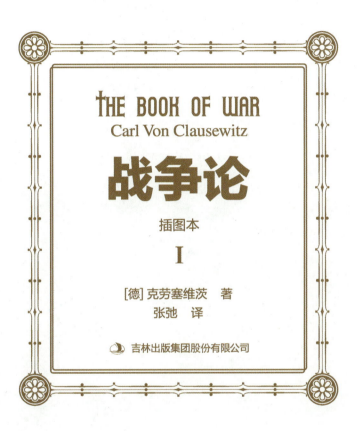

THE BOOK OF WAR

Carl Von Clausewitz

战争论

插图本

I

[德] 克劳塞维茨 著

张弛 译

吉林出版集团股份有限公司

战场上的罗马军团

　　战争或和平都是人类社会的一种形态。在人类历史上,尤其是在古代社会,如果某个地区能出现一个控制力比较强的国家,那么该地区爆发战争的频率就比较低,但是这并不意味着可以完全避免战争。例如罗马帝国(公元前27年—476年)曾是人类历史上最为强大的君主制国家之一,全盛时期的面积一度达到590万平方公里,地跨欧亚非三洲,但是即使在它存世期间,大大小小的战争也一直没有中断过,有时是内战,有时是对外战争。当然,这些战争都与政治有关。正如克劳塞维茨在《战争论》开头所说:战争,无非是政治的延续。

君士坦丁大帝率军征讨李锡尼

    286年，罗马帝国皇帝戴克里先将罗马帝国一分为二，建立四帝共治制度，罗马帝国因此分为东罗马帝国和西罗马帝国。之后，虽然君士坦丁大帝和尤里安重新统一过罗马帝国，但是为时短暂。传说君士坦丁大帝在征讨政敌李锡尼的途中，天空曾出现过祥瑞——十字架。

攻占君士坦丁堡

476年，西罗马帝国灭亡，然而东罗马帝国却有惊无险地逃过了这场劫难，并且又奇迹般地向后延续了将近1000年。
1453年，奥斯曼帝国苏丹穆罕默德二世率军攻占历史名城君士坦丁堡，这标志着东罗马帝国的灭亡。

希腊火

希腊火是东罗马帝国发明的一种可以在水上燃烧的液态燃烧剂,东罗马人称这种武器为海洋之火、液体火焰,奥斯曼帝国的军队则称这种恐怖的武器为希腊火。在漫长的历史中,希腊火为保卫东罗马帝国的安全做出了巨大的贡献,有些学者认为它是东罗马帝国能够持续千年之久的原因之一。

查理大帝

800年,法兰克国王查理曼被加冕为罗马人的皇帝,称帝之后,查理曼以西罗马帝国的继承人自居,这就是因功勋卓著而被后人称为欧洲之父的查理大帝。同时,他也是神圣罗马帝国的奠基人、国际流行的法式扑克上的红桃K人物。查理大帝去世之后,他的帝国一分为三,即后来的德国、法国、意大利。

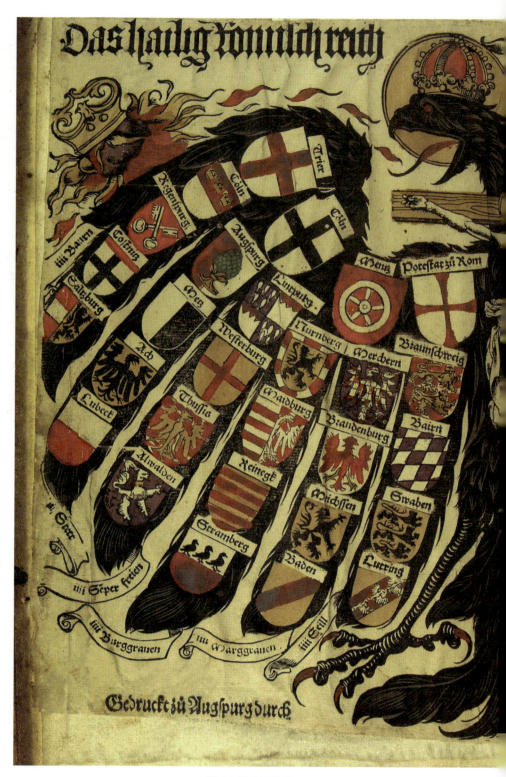

神圣罗马帝国国徽

　　神圣罗马帝国国徽是头顶皇冠的双头鹰，双头鹰是古罗马帝国的图腾，神圣罗马帝国沿袭此图案，意在借此表明自己是古罗马帝国的正统继承者，中间的耶稣受难图表明的是帝国的神圣性，双头鹰翅膀上描绘的是七大选帝侯国和德意志各大诸侯的旗帜，代表帝国的普世性和广大疆域。

Dauidt de Necker Formschneider

腓特烈大帝巡视战场

　　普鲁士是德意志境内最为强大的邦国,在19世纪通过三次王朝战争统一了德意志,并且在1871年的普法战争中击败了欧洲大陆的强国法国,尤其是腓特烈大帝在位期间,普鲁士更是大出风头。腓特烈大帝与拿破仑,是克劳塞维茨极为推崇的两个军事天才,甚至可以说他们指挥的一系列战争就是《战争论》的现实基础。

目　录

第三篇　战略概论

第四篇　战斗

初版序

一介女流为这部著作作序难免使人诧异，虽然不必向朋友解释为何如此，但为了避免使陌生人以为我自不量力，还是有必要对此加以说明。

我所挚爱的丈夫（他已离我和祖国而去）为了完成这部由我作序的著作，几乎用尽了他生命最后十二年所有的精力。完成这部著作是他的愿望，但他在世时并没有出版该著作的意愿，我曾劝他改变想法，但他总是说"应该由你出版"，他这样说或许是在开玩笑，也可能是预感到自己可能早亡（尽管当时我从未真正考虑过这句话的含义，但那时它总是让我落泪）。我的朋友们正是因为这句话，认为我有义务为亡夫的遗著作序。

虽然人们对我的行为看法不一，但大家应该理解我为本书作序时的羞怯心理——一个女人做类似的事情时总是会因为这种心理而为难。

我不敢把自己看成这本书真正的出版者，这也超出了我的能力范围，我只希望做一个助手，参与到出版工作之中，这也是我的权利。在这部著作的产生过程中，我也曾担任过类似的角色，认识我们夫妇的朋友都知道这一点。我们在生活中相濡以沫，兴趣相投，即使在小事上也是如此。我的丈夫写作这本书时投入的希望和精力，以及著作方式和写作时间，我都很了解，而且没有人比我了解得更多。

亡夫天资卓越，自少年时代开始就追求光明与真理，虽然学识丰富，但他主要关注的是军事科学——这也是他的职业所需。他最早走上这条正确的道路，沙恩霍斯特①功不可没；1810年，他被聘任为柏林军官学校的教官，同时，他还有幸为皇太子讲授基础军事，所有的这一切都使他能够把研究和努力集中在军事方面，并能够将研究的结论记载成文。1812年，皇太子的课业结束，亡夫在此时写了一篇文章，他的军事思想在此文中已孕育成型，然而直到1816年，他才在科布伦茨正式开始研究工作，并且在研究工作中运用了四年战争②期间所得的经验。

最初，他将所思所想整理成了一些简短而彼此几乎独立的文章。我在他的手稿里发现了一篇没有标注日期的文章，似乎也是在此期间写就：

> 我认为此时所记的某些原则已经涉及了战略问题，虽然它们事实上几乎已融为一体，但它们是在我没有预定计划的情况下写成的，所以我只把它们视为基础素材，之前我已经确立了一些与

---

① 格尔哈德·约翰·达维德·冯·沙恩霍斯特（1755.11.12—1813.6.28），普鲁士将军、伯爵、军事改革家，普鲁士总参谋部的奠基人。——译者注

② 1792—1815年，欧洲各国先后七次结盟，对抗势力蒸蒸日上的法国，这里所说的四年战争，指的是第六次反法联盟战争。——译者注

战略有关的重要问题，并且打算用格言的形式对其加以记载，而不考虑整个体系的严密。当时，我受到了孟德斯鸠研究问题的方式的影响，认为这种格言式的记载既可以使人得到启发，也会因为其自身已经确立了许多论点，可以吸引才智卓越的读者，所以把读者定位为对战争有所了解的才智之士。在很长一段时间内，我的做法是从论文中抽取要点，使智慧得以集聚在较小的范围内。但是后来我克制了自己，使自己那种惯于在论述中充分发挥，使其系统化的个性得到了表现。于是我尽力发挥自己的个性，同时也考虑了那些对战争不是很熟悉的读者。

随着研究的深入，我投入的精力越来越多，自己的著作也越来越系统，一些章节也随之进入到了著作之中。我的最终意愿是对早期的文章加以充实，对后期的文章加以分析而得出结论，然后对所有的文章进行修改，使之成为具备规格的整体，整理成一本十六开的书册。但是在本书中我必须避开那些老生常谈的泛泛之论，因为我的理想不是写应景之作，而是想让它永世长存，能让有兴趣的读者时时翻阅。

因案牍劳形，在科布伦茨期间，他只能在闲暇之余从事著述。1818年，他出任柏林军官学校校长，按照该校的制度，校长并不管辖科研工作，而是由一个专门设立的研究委员会负责，尽管他认为这一职位不尽人意，但因时间比较宽裕，他最终接受了这个职位，在闲暇之余进一步充实著作，并且加入了关于现代战史的一些内容。

他毫不虚荣，不计较虚名，目标是成为有用之才，不浪费上帝赐予的才能。然而在他繁忙的一生之中，从来没有这种能够满足他的愿望的职位，他也对此没有奢求。他存活于世的目的仅仅是希望著作能有益于世，所以他把所有的精力都投入到了科研领域。他坚持在自己过世之后再出版该书，就足以说明他没有得到虚名的念头，一生的努力只是为了使著作能在后世产生长远而有益的影响。

在1830年被调到炮兵部门任职之前，他一直都在勤奋地伏案写作。接受新任命之后，公务愈加繁忙，致使他连一点儿写作时间都没有，于是他对书稿整理一番过后，将其分包贴上标签，然后封存起来，非常悲哀地和心爱的工作告别了。

同年8月，他被调往布雷斯劳出任第二炮兵监察部总监，12月又被调回柏林，担任格乃泽瑙元帅的参谋长。次年3月，他陪同格乃泽瑙元帅前往波森。同年11月遭到重创之后，他从波森回到布雷斯劳，希望可以在同年冬天完成夙愿，然而天意早已注定，11月7日，他回到了布雷斯劳，当月16日，他就离世而去，而他亲手封存的手稿则是在他去世之后才被启封的。

而今，他的遗著将在不增删一字的情况下按照原样出版，但是还是需要做许多整理和研究工作。在此，我对那些曾经给予过我帮助的朋友致以由衷的谢意，尤其是奥埃策耳少校[①]，他积极承担了本书的校对工作，我还要感谢我亲爱的弟弟，在我不幸的时刻，他给予我支持，并且为该书的出版做了许多工作。亡夫曾经修改过一部分书稿（他在1827年所写的一篇名为《说明》的文章中提到过这个意图），我的弟弟在整理书稿时，发现了亡夫的修订稿，把它们放到了第一篇的有关章节。此外，还有许多朋友给过我热情的帮助和宝贵的建议，在此一并致谢，虽然我不能将他们的名

---

① 奥埃策耳(1783—1850)，普鲁士将军，1825—1835年任柏林军官学校地形学和军事地理学教官。——译者注

字一一列出,但我相信他们一定会接受我的谢意。他们不仅仅帮助了我,也帮助了他们那个英年早逝的朋友,越是意识到这一点,我越是感激他们。

往者不可谏,来者犹可追,我曾与丈夫携手共度非常幸福的二十一年,虽然逝者不可复生,但他给我的关爱,以及人们对他的才能的仰慕,仍然使我感到荣幸。出于对我的信任,国王和王后召我至宫廷当值,为此我要感谢上帝,我也愿意在这个职位上鞠躬尽瘁。愿上帝赐福于我,使我不负使命,并希望由我侍奉的小皇子以后读一读本书,从中汲取力量,像他的祖先一样建功立业。

威廉王后女侍从长玛丽·冯·克劳塞维茨
1832年6月30日于波茨坦大理石宫

说　明①

　　我认为已经完稿的前六篇仍然是不成形的素材，还有必要进行修改，目的是使人能够清楚地分辨出两种性质不同的战争。只有如此，所有思想的含义、内容和具体运用，才能更明确地表现出来。

　　这两种性质不同的战争为：以击溃敌人为目的的战争（或者在政治上消灭敌人，或者使其无还手之力，进而迫使敌人签订和约）；以攻城略地为目的的战争（或者以占地为目的，或者以此作为签订和约时的要挟手段）。这两种战争之间必定存在具有过渡性质的战争，但是这二者的不同之处必定贯穿在一切方面，其中水火不容的特点也会有所区分。

　　战争无非是政治的另一种延续。除了指出上述两种战争在事实上的差别，还必须说明这种必不可少的观点。始终坚持这个观点，我们的研究才可以趋于一致，一切问题也可以迎刃而解。在第一篇中，必须阐明这个观点，虽然它的作用直到第八篇才能得以体现，但我改写前六篇时它也会发挥作用。

　　在前六篇的修改工作中，我将会删除芜杂，查缺补漏，同时将一些一般性的东西归结为较为明晰而有条理的思想。根据上述更为明确的观点，我应该修改第七篇《进攻》，并将其看成是对第六篇的补充和对照，如此一来，以后就可以不必再对第七篇进行修改，甚至可以将其作为修改前六篇的标准。第八篇《战争计划》的许多章节已有草稿，但它们只是对一些材料的粗略加工，不能算作真正的素材。这样做的目的是为了能在以后的工作中抓住要点，而且这个目的已经达成。完成第七篇之后，我将着手修改第八篇，在此过程中，为了阐明上述两个观点，我将对所有的材料进行删减，同时使它们具备深刻的思想内容。我希望第八篇能够使某些政治家或战略家的模糊观念更为明晰，并且使他们明白问题的关键所在，以及在战争中应该考虑什么问题。如果在修改第八篇的过程中，我能够恰当地确定战争的主要特征，使自己的思想更加明晰，我就可以比较容易地把这种思想贯穿到前六篇中，让战争的特征在那里绽放光芒，只有到了这时候，我才能开始修改前六篇。

　　如果我不幸早逝而使工作中断，那么现有的一切就只是一堆不成形的思想材料，它们也将会不断遭到误解和批驳。在这些问题上，每一个人都认为自己所写的东西务必完美，只要加以记载即可付梓问世，并且认为它们就像二二得四一样不容置喙。然而，如果他们像我一样，耗费如此多的精力和时间去思考这些问题，并且将它们与战史进行对比，那么他们对拙作进行批评时，可能就会心有戚戚。

---

① 这就是克劳塞维茨于1827年所写的那篇名为《说明》的文章。——译者注

尽管该书没有完成，但我坚信，任何一个渴求真理而没有偏见的读者，在读前六篇的时候，定然会看到那些经过多年思考与研究所获得的果实，而且还会发现一些可能引发革命的战争理论思想。

1827年7月10日于柏林

除了这篇《说明》，作者的遗稿中还有一篇似乎是作者晚年时期所写的文章。

这些论述大规模战争的手稿，在我死后将会被人发现，以手稿目前的形态而言，它们只能被看成是用来建立大规模战争理论的材料的集合。对于其中的大部分我很不满意，而且第六篇只是一种探索，我准备对它进行彻底修改并另辟蹊径加以论述。就考察战争而言，我认为在这些材料中多次强调的问题都是正确的，因为这些问题都是我从实际生活、既往经验以及与一些杰出军人的交往中得出的结果。

第七篇讨论的进攻是急就章；第八篇讨论的是战争计划，我打算在其中探讨与战争有关的政治因素以及人为因素；在全书中，第一篇第一章是我认为唯一完成的一章，它至少指出了在全书中始终要遵循的方向。

研究大规模战争的理论异常困难，只有少数人能够对其中的观念洞若观火，清楚地理解万事万物之间的必然联系。在实际行动中，大多数人的行动依据是随机应变的判断力，有的判断正确，有的不是很正确，所以人们的才能有高下之分，所有伟大的统帅都是依此而为。他们的判断总是正确的，这就是他们的伟大和天赋的表现。所以，人们的行动总是以判断为据，并且据此已完全足够。然而，如果只是纸上谈兵而没有亲身经历，那就必须保持头脑清晰，并且能够对事物之间的联系了若指掌。由于人们普遍缺乏这方面的素养，所以许多讨论只是没有依据的各执己见之词，或者只是对对方有所顾忌的妥协，而最终走向毫无意义的中间道路。对这些问题了若指掌不是毫无用处，因为人的思想一般都乐意于追求明晰以及发现事物之间的因果联系。

由于人们为建立军事理论做出的许多尝试都是失败的，所以很多人认为军事理论所研究的规则是无法概括的，建立军事理论是水中捞月。如果不是有很多轻而易举就可以搞清楚的原则，我们或许会同意这样的看法，并且会放弃建立理论的努力。这些原则是，防御是消极的，却是强有力的作战形式；进攻是积极的，却是比较弱的作战形式；重要的胜利决定着次要的胜利，因此战略的胜利能够以某些重心为依据；只有在特殊条件下才可以采取佯攻，因为与真正的进攻相比，佯攻是一种进攻力度较弱的兵力调用；胜利不仅包括攻城略地，还包括摧毁敌军的物质力量和士气，一般而言，后者只有在追击行动中才能实现；战线和作战方向的转移只是逼不得已的下策，所以只有交战之后获得胜利成效最大；只有在各个方面都具备优势，或者运输线路和退却线路都具有优势地位时，才能考虑采用迂回战略，只有在具备同样的优势的时候，才能占领敌军侧翼阵地；进攻的力量随着前进必然会逐渐削弱。

作者自序

在完全意义上，或者在不完全意义上，科学的东西并不是指系统而完整的理论建筑，在如今这已毋庸置疑。仅从表面来看，在本书中找不到完整的系统，因为这不是竣工的理论建筑，而只是建筑材料。

本书之所以是科学的，是因为它探讨的是战争的本质，同时指出战争这个整体以及构成战争的各个要素之间的联系。对于哲学方面的结论，作者无意回避，但当它们不足以对一切都做出解释时，作者宁愿对其弃之不用，而是愿意采取经验中的实例来说明问题，如同某些植物只有枝干矮壮的时候才能结果——理论的枝干和花朵不能喧宾夺主，必须使它们与经验相结合，即接近生长它们的沃土。

根据麦子的化学成分确立麦穗的形状无疑是一叶障目，想知道麦穗的外形只需要到田野去实地考察即可。研究与观察、哲学与经验不应该彼此相轻，也不应该互相抵触，它们是水乳交融的。因此，书中具有内在必然关联的一些原则或者扎根于经验的土壤，或者建立在战争概念的基础上，就像穹窿形屋顶建立在柱子上，所以它们不是空穴来风之谈[1]。

写一部内容充实、有思想性而且系统完备的军事理论著作或许并非痴人说梦，但是现有的理论与这个目标距离太大，暂且不论这些理论缺乏科学精神这一点，仅由于这些理论追求体系的连贯与完整，这些著作中就充满了老生常谈和陈腔滥调。看看利希滕贝格[2]在一篇防火规章里的摘录就能看到这一点：

如果有房子着火，那么人们首先会去防护位于这座房子左边的房子的右侧墙壁和位于这座房子右侧的左侧墙壁。因为左侧房子的右墙在左墙的右边，火也在右墙的右边，也就是说右墙比左墙离火近，如果人们想要防护左侧房子的左墙，在面临火灾威胁的时候不先防护左侧房子的右墙，那么左侧房子的右墙就会先被烧毁。因此可以得出结论：没有防护的东西会先被烧毁，而且可能在其他没有防护的东西被烧毁之前就被烧毁，所以人们必须在没有防护的东西被烧毁之前先防护其他没有防护的东西。为了加深人们的印象，必须说明：如果房子在火的右边，就先保护左墙；如果房子在火的左边，就先保护右墙。

---

[1] 许多军事理论家，尤其是从哲学方面研究战争的军事理论家的做法就不是如此，有许多例子可以为证。在他们的论述中，正反两方面的意见可以互相抵消，还不如两狮互噬还能剩下两条尾巴。——作者原注

[2] 利希滕贝格（1742-1799），18世纪下半叶德国的启蒙学者，杰出的思想家、讽刺作家、政论家。——译者注

为了避免这种喋喋不休的语言使读者望而却步，为了避免在好的东西里面注入清汤寡水而冲淡原有的美味，作者宁可把自己对战争问题经过长久思考而获得的结晶，以及在与了解战争的杰出人物的接触和亲身经验中获得的明确的东西，铸造成纯金属的颗粒呈献给读者。这就是这本书的写作背景。在拙作中，各个章节之间的联系并不是很紧凑，但我希望它们不缺乏内在联系。或许在不久之后会出现一个天才人物，能够把这些小颗粒铸造成没有杂质的金属块。

第 一 篇

论战争的性质

第一章 什么是战争

一 引言

我们首先研究战争的构成要素，然后研究它的构成部分，最后通过内在联系研究整体，即先易后难。但是与研究其他问题相比，研究这个问题时必须先对整体有所了解，因为在这个问题上，研究部分时必须考虑整体。

二 定义

在起初我不想对战争做出繁冗的政治式的定义，而只是打算探讨一下战争的构成要素，即搏斗，因为战争只是大规模的搏斗。如果我们打算把构成战争的多个搏斗作为一个整体加以考虑，那我们最好想象一下两人之间的搏斗：每一方都意图用力量迫使对方在意志上屈从，彼此的直接目的都是彻底打倒对方，使对方无还手之力。所以说，战争是一种暴力行为，目的是迫使敌人服从我们的意志。

暴力是使用科技成果武装自己来抗暴，国际法对战争的制约微乎其微，虽然制约与暴力并存，但事实上制约无法削弱暴力的力量。物质暴力是手段（除了国家和法律观念，无精神暴力可言），迫使敌人在意志上服从是目的，为了完全达到目的，必须使敌人无力回击。从这个意义上来说，彻底打垮敌人是战争真正的目标。

三 暴力最大限度的使用

有些善良的人很容易认为，一定有一种不必带来多大伤亡的巧妙办法，可以解除敌人的武力或者击溃敌人，并且认为这是军事科学发展的正确方向。

无论这种说法多么美妙，它都是一种必须消除的错误思想。因为在战争这种凶危之事中，因慈而生的这种错误思想害处至大。物质暴力的完全使用与发挥智慧的作用并不排斥，所以，倾尽全力而且不计伤亡地使用暴力的一方，在面对没有这样做的敌方的时候，必然会占据优势地位。但这也相当于在迫使对方采取同样的行为，如此一来，双方就会趋于极端。这种趋势除了受到内在力量的牵制之外，不再存在对它的任何限制。我们必须这样看待问题，因为厌恶暴力而无视它的特质毫无益处，甚至是错误的。

如果说文明国家之间战争的残酷和破坏弱于野蛮国家之间的战争，这也是由双方的社会状态和国家关系所决定的。战争由社会状态和国家关系而产生，并且由它们决定、限制或者缓和，但是它们并不属于战争本身，而是存在于战前。所以，如果说缓和因素属于战争哲学本身不符情理。

人与人之间的斗争本身就包含敌对感情和敌对意图这两种不同的因素[①]。因为敌对意图具有普遍性，所以我们选择它作为给战争下定义的标志。因为没有敌对意图是不可想象的，即使双方的仇恨感野蛮得近乎于本能。许多敌对意图并不包含敌对感情，或者说敌对感情不强烈。来自感情的意图在野蛮国家中最主要，而在文明国家中，来自理智的意图最重要。但是这种差别并不是由野蛮和文明决定的，而是由社会状态和社会制度决定的。不是每个场合都必然存在这种差别，而是这种差别只存在于大多数场合。一言以蔽之，即使最文明的国家之间也可能存在强烈的仇恨情绪。

克劳塞维茨

德国军事理论家、军事历史学家、近代战略学的奠基人，一生参加过四次著名的战役，即莱茵战役、奥斯塔德会战、法俄战争、滑铁卢会战。他的不朽著作《战争论》被誉为"兵学《圣经》"，他本人也因为军事理论方面的突出成就，而被誉为"西方兵圣"。

由上述可知，如果说文明国家之间的战争完全是政府之间的理智行为，认为战争可以摆脱一切感性因素，进而推断出以后不再需要军队，而只需要计算双方的兵力，然后进行纸上谈兵式的数学运算就可以，那就是大错特错。

军事理论已经开始向这个方向发展，但最近的几次战争给它浇了一盆冷水。作为一种暴力行为，战争必须属于感情范畴，即使战争不是由感情引发，感情也多多少少与战争有关，而且关联程度的大小不是由文明程度的高低决定，而是由敌对双方利害关系的大小和时间长短决定。

文明国家不杀降、不破坏城市和乡村，是因为他们知道在战争中更多地运用智力，是比简单而粗鲁地发泄本能更为有效的施暴措施。战争概念中固有的消灭敌人的倾向，并不会因为文明程度的提高而受到阻碍或者得以改变，火药的发明和火器的进步已经说明了这一点。

我们再次重申：战争是一种无节制地使用暴力的行为，交战双方都在迫使对方采取与自己程度相同的暴力。这种作用是相互的，从概念意义上来说，这种相互作用必然会趋于最大限度。这是我们遇到的第一种相互作用和第一种最大限度。

---

① 敌对感情与敌对意图是两种不同的概念，根据作者的理解，敌对意图指的是彼此之间因利益而产生的对立情绪，比如两个国家之间为了争夺某个地区或者某种资源而发生战争，这是因敌对意图而产生的战争；敌对感情则指的是彼此之间因为感情而产生的对立情绪，比如两个国家之间因为宗教问题而产生战争，这是因为敌对情绪引发的战争。——译者注

四　战争的目标是使敌人无力抵抗

如前所述，使敌人无还手之力是战争的目的，现在我们还得说明，至少在理论上是如此。

（在战争中）我们会要求敌人做出牺牲，想让敌人屈从我们的意志，就必须使敌人的处境比我们的预期更加不利。从表面上看，这种不利不应该是短暂的，否则敌人就会通过拖延等待到有利的机会从而展开反击。因此，军事行动的推进引起的环境变化必须使敌人落到更加不利的境地，至少在理论上如此。对交战方而言，最不利的境地莫过于彻底失去抵抗之力，如果意图通过战争迫使敌人在意志上屈从，就必须使敌人毫无反抗之力，或者逐渐陷入无力反抗的境地。因此可以得出结论：无论如何，解除敌人的武装或者彻底击溃敌人永远是战争的目标。

战争不是灵活的力量和僵死的物质之间的冲突，而是两股灵活的力量之间的冲突，如果其中一方始终采取忍受措施，就不能称之为战争，所以战争的最高目标是交战双方必须考虑的。没有被敌人击溃之前，必须考虑可能会被敌人击溃，此时我们无法主宰自身，而是必须采取敌人那样的行动，正如敌人必须采取我们这样的行动。这是第二种相互作用，它导致第二种最大限度。

五　最大限度地使用力量

我们应该投入多大的力量，取决于敌人的抵抗力的强弱，敌人的抵抗力是两个无法分割的因素的乘积，这两个因素分别是现有力量和意志力的强弱。

现有力量的强弱能够以数量为判断依据，它是可以确定的，但是意志力的强弱很难确定，只能根据作战动机的强弱作粗略的估计。如果我们能以此为依据估算出敌人抵抗力的强弱，就可以断定自己应该投入多大的力量，并且可以通过加强力量夺取优势地位；或者可以在力有不逮的情况下尽力强化自身的力量，然而敌人的做法也是同样，所以这也是一种竞争。从纯粹的概念意义上来说，它也会趋于最大限度。这是我们遇到的第三种相互作用和第三种最大限度。

六　在现实中的修正

在抽象的纯概念领域里，思考的对象是一种极端的东西，虽然它也是一种力量的冲突，但是这种力量只服从于内在规律，而无视于外部规律，所以说思考活动不到极点就不会停止。

如果我们想在纯概念领域中，为战争目标和作战手段找到一个绝对的点，那么在不间断的相互作用之下，我们就会走向极端，进而陷入无迹可寻的逻辑游戏。如果固执地采取这种态度而不考虑所有的困难，只是按照严格的逻辑推演，认为任何时刻都必须准备应付极端局面，每次都必须使用最大限度的力量，这种坐而论道的做法对现实世界就毫无益处。

退而言之，即使我们可以轻而易举地得出使用力量的最大限度的绝对数值，感性因素也很难

普鲁士国王威廉一世被加冕为德皇

　　《战争论》问世初期，并没有多大的影响，该书之所以后来能够名闻天下，与毛奇元帅的推崇密不可分。某次接受记者采访时，毛奇元帅对此书备加推崇，由于他是德国的名将、著名的军事理论家，也是德国参谋总部的创始人，所以此后《战争论》迅速声名远播。图中中间穿白色衣服者为俾斯麦，俾斯麦右侧即为毛奇元帅。

被这种逻辑幻想所左右。如果逻辑幻想可以支配感性因素，那么就会造成有生力量的浪费，这与国策的某些方面也必然会发生抵触，同时这也意味着意志力的发挥与既定的政治目的相龃龉。因为人的意志无法从对逻辑的玩弄中获得力量，所以想实现这样的目的无异于水中捞月。

　　如果从纯概念领域回到现实之中，一切情况就截然不同了。我们总是把纯概念领域里的一切想象得非常完美，认为交战双方都在追求完美，或者正在达到最完美的地步，但是现实之中的情况是这样吗？只有在三种情况下才会如此：第一，战争是突发性质的、孤立的，与以前的国家状态没有任何联系；第二，战争只是一次决战，或者说是若干个同时进行的决战；第三，战争的结局是必然性的，不会受到战后政治形势的影响。

七　战争决不是孤立的行为

　　针对第一点，我们认为交战双方对于彼此来说都不是抽象的，即使是在互相抵抗中好像不受外界影响的意志也不是抽象的。事实上意志并非完全无法捉摸，因为它的今天就预示着明天。

战争的发生不是弹指之间，战争的扩大也不是瞬间之事，因为交战方的任何一方判断对方的依据，是对方的现有状态和现在的实际行为，而不是对方应该是什么状态或者应该采取什么行为。人非圣贤，无法臻于完美的极致，因为彼此都存在这一缺陷，所以这就成了一种缓和因素。

八　战争不是短促的一击

对于第二点，我们的看法是，如果战争只是一次决战，或者说是若干个同时进行的决战，那么交战方就会尽最大的努力为决战做准备，因为准备工作中的些微疏忽，在将来都会造成无法弥补的损失。在现实世界中，我们所知的敌人的准备情况可以作为衡量准备工作的依据，其余的一切则是抽象的。然而，如果说战争的结局是环环相扣的，最后的结果是由前面所有的行动决定的，那么前面的任一行动及其相关联的一切现象，就可以作为判断下一步举措的衡量依据。也就是说，现实世界取代了抽象概念，进而缓解了走向极端的趋势。

然而，如果将所有的作战手段倾力而发，或者可以同时倾力而发，那么这样的战争就只能是一次决战或者多个可以同时进行的决战，而决战失利就意味着有生力量的减少，所以，如果在第一次决战中用尽所有的作战手段，那么事实上就无法设想会出现第二次决战。至于后续的军事行动，在这种情况下在事实上就只是属于第一次决战，或者说是第一次决战的延伸。

我们可以看到，在备战过程中，现实世界已经取代了纯概念，趋于极端的假设也被现实的因素取代了，所以交战双方在作战过程中，就会有所保留，不至于倾力而为，更不会在战初用尽全力。而且在性质和使用特点上来看，这些力量也不能同时使用。

这些力量包括：军队、国土（包括土地和居民）和同盟国。

国土是军队的源泉，在战争中，战区以及对战区影响重大的国土对战争有举足轻重的作用。军队可以同时使用，但是雄关险隘、山川河流以及国民等无法同时发挥作用，除非这个国家国土狭小，一场战争就足以波及全国。其次，交战国的意志无法决定同盟国的态度，这是由国际关系决定的，因为隔岸观火的同盟国往往是为了保持某种均势才介入，参战时间较晚。

这些问题后面还需详加叙述，在这里我们想说的是，在一次战争中倾力而发有悖于战争的性质。然而这也不是可以在首战中有所懈怠的理由，因为失败必然会导致损失，交战双方都不愿在首战中铩羽。此外，即使首战不是唯一一次决战，但是它的规模越大，对后续战事的影响也越大；只是由于决战往往发生在后期，所以交战双方在战初都会有所保留，不会在首次战役中使用决战中才可以投入的力量。因为自身有弱点而没有在首战中倾力而为，对于对方来说，这就可以成为缓和战局的客观条件，通过这种相互作用，向极端发展的趋势又会得以缓和，即按照某种尺度决定应该投入多大的力量。

制作骑兵铠甲

　　在克劳塞维茨的战争理论中，骑兵是一个很重要的兵种。在中世纪的欧洲，骑兵的地位尤为重要，骑兵的装备也备受重视。图为一个为骑兵制造铠甲的大师正在指导学徒锻造铠甲，当时，制作铠甲就如同绘画一样，被视为一种艺术，所以一些规模比较大的制甲工场都是由最顶尖的大师经营。

伊苏斯之战

　　伊苏斯之战是大流士与亚历山大大帝为了争夺军事要塞伊苏斯而展开的一场战争，为了使敌军掉以轻心，亚历山大大帝在战前放出假消息，称自己已经病入膏肓，然后趁敌军麻痹大意时发动突袭，一举击溃了敌军。这幅画是著名画家阿尔多弗在1529年的作品，画面以亚历山大大帝的骑兵为主体，场面壮阔。

九　战争的结局决不是绝对的

最后需要说明的是，战争的最后解决也永远不是绝对的。战败国往往会把失败看成暂时的不幸，在未来可以挽回或者补救。不言而喻，这也会缓和彼此关系的敌对程度和作战的激烈程度。

十　现实中的概然性代替了概念中的极端和绝对

依据上述，战争就摆脱了对力量的使用总是走向极端的趋势或者法则。因为无须担心对方倾力而为，自己也无须如此，所以不必使用最大程度的力量就是理所当然，进而可以通过判断的方式决定自己应该投入多大的力量。当然，只能通过现实世界提供的材料和概然性的规律来判断，即敌对双方不再是抽象的，而是具象的国家或者政府；战争也不是抽象的，而是具象而特定的行为。因此，人们可以根据现实世界提供的材料推断未来，敌对双方可以根据对方的特点、装备、组织状况和国际关系，按照概然性的规律来判断对方下一步的走向，并确立应对之策。

十一　现在政治目的又显露出来了

我们在第二节曾暂时搁置了"战争的政治目的"这个问题，现在有必要加以详细论述。

战争的政治目的在特定的阶段里，藏匿在趋于极端的法则、使敌人无还手之力和彻底击溃敌人这两个因素之后。当趋向极端的法则有所削弱，不再无限制地使用武力，目标不再是使敌人无还手之力和彻底击溃敌人的时候，战争的政治目的就会逐渐显现。因为这里考虑的进行概然性计算的根据是具体的人和具体条件，所以作为战争最初动机的政治动机，在进行计算的时候就会成为很重要的因素。

首先，迫使敌人所作的牺牲越小，敌人的反抗以及投入的力量就越小；其次，政治目的越小，它所受到的重视程度越小，投入的力量越小，也容易被放弃。于是，作为战争最初动机的政治目的，就成了衡量作战目的和投入力量的衡量标准。但是必须把政治目的和敌对双方联系起来，不能以政治目的作为唯一的标准，因为我们研究的是具象的东西，不是纯粹的概念性的东西。

在不同的国家，即使政治目的是一样的，它也会产生截然不同的作用，甚至是在同一国家的不同时期也会出现同样的状况。所以，只有当政治目的能在动员作战期间发生作用时，才可以把它当成一种衡量标准，这就是为什么要考虑大众的原因。因为大众对战争的态度可能是支持，也可能是反对，所以同样的政治目的产生的作用可能是截然不同的。如果两国或者两个民族之间剑拔弩张，互相仇视的情绪很强烈，即使引发战争的政治动机微乎其微，产生的效果却有可能出乎意料。

把政治目的和敌对双方联系起来，并且能够对大众产生作用，既是针对政治目的所产生的动员效果而言，也是针对依据政治目的而制定作战目标而言。有时候政治目的就是作战目标，比如攻占某地；有时政治目的与作战目标略有出入，这就需要另行设立作战目标作为政治目的的对等物,以便在和谈期间取代政治目的。然而即使在这种情况下,也需要考虑敌对双方的特点。在某些情况下,达到政治目的需要借助大于政治目的的的对等物,大众的反应越冷淡,国内局势和两国之间的关系不是太紧张,政治目的作为衡量标准的作用就越明显,有时甚至会起到决定性的作用,有时候只需要根据政治目的做决定即可。

如果作战目标等同于政治目的,那么战争行为往往就会趋于缓和,政治目的作为衡量尺度的作用则会显著。这就是对抗性的作战和对峙性的作战之间,为什么会存在那么多重要性和对抗程度不同的战争的原因,其实其中并无矛盾可言。然而这又产生了另一个需要给予解析的问题。

十二 为什么军事行动中有间歇

在敌对双方的政治目的微弱、投入力量很小、政治目的为战争行为规定的目标也非常小的情况下,军事行动会出现间歇吗? 这是一个触及本质的问题。

无论执行什么行动都需要时间,我们把这段时间称为行动的持续时间,持续时间的长短取决于执行者的速度。每个人都有自己的做事方式,做事缓慢的人并非有意拖延,因为这是由性格决定的,如果追求时间,就会影响他做事的效果,所以我们在这里不想讨论行动的快慢,因为持续时间的长短是由内部因素决定的,这本来就是持续时间的一个组成部分。如果组成战争的每一个行动都有它的持续时间,那么我们就得承认,持续时间之外的其他时间——军事活动中的间歇——似乎都难以想象,至少在表面上看如此。当然,我们在这里所说的不是敌对双方各自的进展,而是整个军事行动的进展。

十三 只有一个原因能使军事行动停顿,而且看来它永远只能存在于一方

两国交战,必定有敌对因素为动因。只要双方依然兵戎相见,而没有举行和谈,敌对因素就持续存在,只有在彼此都选择等待有利战机的情况下,敌对因素的作用才会暂停。然而事实上,这种情况很难出现,因为一方选择等待时,另一方的企图往往相反,即如果等待对一方有利,对另一方有利的则是出击。

此外,双方势均力敌的时候,也不会出现间歇,因为作战意志强烈的一方会选择进击。但是,我们做出这种设想的前提是,其中一方的力量较弱,然而作战意志强烈。换言之,即彼此的力量与作战动机的乘积相等。假如这种势均力敌的情况不会发生变化,双方就会举行和谈;如果情况有所变化,那么它只是对其中一方有利,而这必然会迫使另一方采取行动。由此可见,力量上的均势并不是产生间歇的原因,也就是说,等待有利战机才是问题的关键。

如果敌对双方之中有一方的作战意志强烈,想攻占敌方的城池作为和谈的资本,那么占领城池之后,它的政治目的就达到了,在此情况下,它也就失去了继续行动的必要。另一方如果接受这种局面就会举行和谈,反之则会反击,如果它认为需要等待四个星期才能准备充分,那么它就有充

拉文纳之战

15世纪末，法国和西班牙为了争夺意大利发动了一场旷日持久的战争；16世纪初，英国、西班牙等国缔结同盟，共同抵抗法国。在拉文纳之战中，法军骑兵率先出击，击溃了联军骑兵，之后又绕到联军侧翼，进攻联军的步兵，战功卓著。

分的理由推迟作战行动。然而从逻辑上说，此时具有优势地位的一方就会立即发动进攻，使敌人没有招架之力。当然，出现这种情况的前提是知己知彼。

十四　军事行动因此又会出现连续性，使一切又趋向极端

如果军事行动的连续性确如上述，那么这会使一切再次趋于极端，因为持续相连的行动会使双方的情绪失控，进而使作战行动趋于暴烈。由于行动的连续性使战争的各个环节连接得更为紧凑、前后联系更为密切，所以这些行动的重要性和危险性就会提升。

然而事实上军事行动的连续性很少会如此紧凑，甚至从来不会。在军事行动中，实际行动的时间在所有的时间中只占有一小部分，其余的时间都是间歇，这都是正常的，军事行动甚至有可能完全是间歇。接下来我们就来谈谈间歇以及产生间歇的原因。

十五　这里要用两极性原理

在敌对双方统帅的利害关系恰恰对立的时候，我们就承认了真正的两极化。在后面我们将继续讨论这个问题，在此首先作如下说明。

16世纪火绳枪骑兵的典型装束

两极化只适用于对立双方恰好能够互相抵消的同一事物。在每一次战争中,敌对双方的目的都是获胜,其中一方胜利,就意味着另外一方失败,这是真正的两极化,所以两极化并不是对两种事物而言,而是对它们的关系而言。

十六 进攻和防御是不同的作战形式,它们的强弱是不相等的,因此两极性原理对它们不适用

如果作战形式仅仅是指进攻,或者仅仅是指防御,或者说攻防的区别仅仅在于动机不同——进攻方的作战动机强烈,防御方的作战动机薄弱——但是战争形式是相同的。那么,在这样的战

音乐会上的腓特烈大帝

　　腓特烈大帝（1712—1786）是克劳塞维茨极为推崇的人物，也是著名的军事家、政治家、作家、作曲家。此人年轻时的梦想是成为音乐家，但是后来为了迎合父辈和国家的需要，不得不忍痛割爱，由于公众形象与私下个人形象差别太大，所以有很多人认为他在从政后的40多年里一直是戴着面具生活。

争中,对于一方有利就意味着对于另一方有害,这里就存在着两极化的问题。但是事实上进攻和防御是不同的,这两种作战方式的强弱程度也是不同的,所以两极化不是针对进攻和防御而言,而是对它们的关系而言。它们的关系,指的就是决战。

如果甲方统帅意图延期再战,那么乙方统帅的意图就是及早出击,这只是对同一种作战形式而言。如果甲方所认为的最佳战机是四个星期之后,那么对乙方来说,最佳作战时机就是现在。这是直接的对立,但不能因此说乙方应该立刻发动进攻,因为这与"最佳作战时机就是现在"是两回事。

十七　两极性的作用往往因防御强于进攻而消失，这是军事行动中会有间歇的第一个原因

如果说防御的力量强于进攻,敌对双方同时采取守势,而且推迟决战对甲方的有利程度,没有采取守势对乙方的有利程度那么大,那么即使甲方提前开战,也无法抵消守势对乙方的有利程度,这当然也无法推动军事行动的进展。[1]因此,由利害关系的两极对立而产生的可以推动作战进程的作用,会因为攻防的强弱差别而消失,甚至是完全失效。

如果作战时机对其中一方有利,但是这一方的力量薄弱,那么它就只能选择等待,而不能反守为攻。对它来说,即使将来面临的条件会有所不利,但是在将来进行防御,还是比现在进攻或者和谈有利。

以我们的论断为基础,如果说采取守势更具优势,而且优势比我们想象的大得多,就可以说明为什么在很多战争中都会产生间歇。采取实际军事行动的动机越弱,它就越容易被攻防的差别掩盖,所以军事行动中的间歇就越多,事实也证明了这一点。

十八　第二个原因是对情况不完全了解

不完全了解情况,也是一个使军事行动出现间歇的原因。

对于任何一个统帅来说,他只能完全知己,而无法完全知彼,所以做决断的时候他可能会出现错误,以为适合于自己的行动时机也适合敌人。这个缺陷既可以使人在当行时而止,也能使人在当止时而行,也就是说,它既可能推进军事行动,也可能会使军事行动出现间歇。但是它的主要作用应该是后者。因为人们往往会高估而不是低估敌人的力量,所以由于无法完全知彼而产生的判断会延缓军事行动,出现间歇,降低军事对抗的烈度,推迟了危险的到来,双方因此可以在此期间恢复均势。局势越紧张,战事越激烈,间歇就越短,反之则间歇越长,因为作战动机的大小与作战意志的强弱紧密相关,作战意志的强弱则与投入力量的大小紧密相关。

---

[1]　意思是,在双方都采取守势的时候,如果甲方的获益程度不如乙方,那么即使甲方提前开战,在防御依然对乙方有利的情况下,乙方也不会变防御为进攻,这就无法使战争行动向前推进。——译者注

十九 军事行动中常常发生的间歇会使战争更脱离绝对性而成为概然性的计算

军事行动进展缓慢，出现间歇的次数和时间就越长，以往出现的错误也越容易被纠正。在此基础上，统帅所做出的推断也会逐渐远离极端，因为军事行动进展缓慢，可以提供更多的已知条件，也可以为统帅进行推断提供必需的时间。

二十 只要再加上偶然性，战争就变成赌博了，而战争中是不会缺少偶然性的

由上述可见，客观条件很容易使战争演变为概然性的计算，再加上偶然性的因素，战争就变成了赌博——事实上，战争中从来不缺乏偶然性。像战争这种总是和偶然性有关的活动，在人类活动中似乎绝无仅有，随同偶然性而来的时机以及随同时机而来的幸运，在战争中也占有重要地位。

二十一 战争无论就其主观性质来看还是就其客观性质来看都近似赌博

通过观察战争的主观性质，即发动战争必需的那些力量，我们就会发现战争与赌博极为相似。危险与战争如影随形，面临死生之境，最可贵的精神莫过于勇气。虽然勇气与智慧能够同时并存而非水火不容，但是它们毕竟是两种不同的精神力量，比如信心、胆大、敢于冒险等，其实都是勇气的表现，它们必须与机遇结合才能发挥作用，所以说在军事艺术中，根本不存在绝对之说，其中只有各种偶然性、概然性、幸运或者不幸的活动，它们在战争中横交竖织，从而使战争与赌博极为相似。

二十二 一般而言，这与人的感情最为投合

理智喜欢有的放矢，感情偏好左摇右摆，所以在探索哲学和逻辑推论的道路上，感情不愿意对理智亦步亦趋，否则到最后它会进入一个完全陌生的世界，与原来熟悉的一切背道而驰，所以它宁愿和想象力一起停留在偶然性和幸运的王国里。在这个王国里，僵硬死板的必然性无法对它形成制约，陪伴它的是无穷无尽的可能性。勇气与可能性的结合犹如干柴与烈火，或者说就像善泳者义无反顾地投入激流。在这样的情况下，理智能够摒弃感情而一味追求逻辑上的绝对性吗？如果的确有这样的理论，那么它在实际生活中将毫无用武之地。

理论不能目中无人，它应该考虑感情，给予勇气和胆量一定的地位，即使是蛮干也应该占据一席之地。与军事活动打交道的对象和精神力量是鲜活的，它们永远无法达到绝对的状态，所以偶然性在战争中随时随地都有施展拳脚的广阔空间。只有勇气和信心才能使偶然性俯首称臣，勇气和信心越大，偶然性能够发挥的作用就越大，所以勇气和信心在战争中的地位举足轻重。确立战

战场上的欧根亲王

波兰国王奥古斯特二世（1670—1733）去世之后，欧洲各强国为了自身利益，以帮助波兰确立王位继承人为名义，掀起了一场几乎席卷整个欧洲的战争，即波兰王位继承战。战争期间，腓特烈大帝曾跟随当时欧洲的第一名将欧根亲王见习军事，在他的军事生涯中，这应该是比较重要的一段经历。

18世纪的普鲁士骠骑兵军官、胸甲骑兵和掷弹骑兵。

18世纪40年代，因为奥地利王位继承权问题，欧洲各国分别结成两大联盟，展开了长达八年的奥地利王位继承战。在此期间，腓特烈大帝亲率普鲁士军队参战，展示了杰出的军事才华。

争理论的规则,应该使这些不可或缺的武德能够充分发挥形式不同的各种作用。但是即使是在冒险的时候,也需要机变和审慎,不过需要用另外一种标准来衡量它们。

二十三　但是战争仍然是为了达到严肃的目的而采取的严肃的手段,接下来我们进一步说明战争是什么

战争、统帅以及作战理论如上面所说。

战争并非消遣,它不是以求冒险和以输赢为赌注的娱乐,也不是一时兴起的产物,而是为了达到严肃的目的而采取的一种严肃的手段。时机变动不居,激情、勇气、热情和幻想起伏不定,战争也会因此而表现出不同的形式,但是它们都是战争的特色。

国家之间的战争,总是产生于某种政治形势下,尤其是文明国家之间的战争,只能由某种政治动机引发,所以说战争是一种政治行为。只有在纯概念推断的那种情况中,也就是说,只有当战争是完善的而且不受任何限制的行为的时候,是暴力体现的极

七年战争期间,准备上阵的普鲁士士兵。(铜版画)

奥地利王位继承战争期间,腓特烈大帝吞并了原属于奥地利的纺织业中心西里西亚,并在战争后期及时退出,致力于发展本国工商业,至1756年七年战争爆发时,经过长期休整的普鲁士实力大增,为腓特烈大帝参与七年战争奠定了比较好的基础。

致的时候,它才会在被政治引起之后,能够以表面上看完全与政治不同的形式取代政治,而且在这种情况下,它与政治水火不容,只服从自身规律,就像一包导火线被引燃的炸药,只能在既定的方向爆炸,不会再发生任何变化。

截至目前,当政治与军事方枘圆凿而引起理论纷争时,人们仍然以这样的方式看待问题,但是这种看法存在根本性的错误。正如我们所说,现实中的战争并非极端行为,它的张力并非一次冲突就可以解决,它是一些力量的汇集,而且这些力量的发展方式和发展程度不尽相同,这些力量有时暴烈无匹,能够克服所有阻力,有时微弱低迷,甚至没有任何作用,所以说战争好像是暴力的缓冲器,能够时缓时急、时快时慢地消耗张力和武力,因此它达到目的的方式有时是一击而中,有时是步履维艰。然而无论是哪一种方式,战争都需要一定的时间,在这段时间里,各种外部力量就会迫使它做出各种改变,即战争必须服从作战意志的支配。

如上所述,战争的诱因和最初动机是政治目的,那么在指挥作战的时候就必须重视政治目的,但是这并不是说政治目的可以颐指气使地支配一切,因为它必须适应战争手段的性质,所以政治目的随着形势的变化也会发生很大的改变,然而它依然是需要重点考虑的问题。在战争中发挥作用的力量是多方面的,在这些力量允许的范围内,政治贯穿在整个战争中,并且可以对战争发生持

续性的影响。

二十四　战争无非是政治通过另一种手段的继续

战争是一种政治行为、一种政治工具，也是政治交往的延伸和另外一种政治手段。战争之所以特殊，就是因为它的手段特殊。在总体上，军事科学能够使政治意图与战争互相融合，在具体情况下，统帅也能够这样做，因为这样做是很重要的。但是，无论这样做对政治意图的影响有多大，它也只是对政治意图的某种修改，因为政治意图是目的，战争是手段，没有目的的手段是无法想象的。

二十五　战争是多种多样的

战争动机的强烈程度与一个民族的存亡有直接关联。战前局势越紧张，战争就越接近它的抽象状态——一切都是为了彻底击败敌人，战争目标与政治目的就更加趋同。在这种情况下，战争就会偏离政治而靠近纯军事。反过来说，如果战争动机不是很强烈，局势也不是很紧张，那么政治目的的走向和战争的自然走向，可能就会分道扬镳；同理，当战争离它的自然走向越远的时候，政治目的与抽象的战争的目标之间的差别就越大，战争就会越来越靠近政治。

为了避免误解，在此必须说明，这里所说的战争的自然走向指的是纯概念领域的走向，而不是实际情形中的走向。在某些情况下，情绪和激情确实有可能趋于失控，很难使它在政治所设定的轨道上运行，然而在大多数情况下，这种设想出现的可能不大，因为无论激情和情绪的失控程度有多大，总会出现一个相应的计划。这个计划所要达到的目标越小，大众情绪就会越低落，所以我们

1911年发行的腓特烈大帝勋章

总是需要对这种情绪加以激发,而不是打压。

二十六　一切战争都可被视为政治行为

现在我们继续谈论主要问题。虽然在有些战争中,政治因素好像没有发挥任何作用,而在另外一些战争中却表现得特别明显,但是我们必须肯定的一点是,这两种战争事实上都是政治行为。

如果说一个国家的政治是一个人的头脑,那么产生第一种战争的各种条件必然在政治的考量范围之内。如果只是按照惯常的理解,把政治当成一种为了避免使用暴力的阴谋诡计,而不是把它当成智慧,那么我们可以说第二种战争中的政治色彩比第一种更浓。

二十七　应该根据上述观点理解战史和建立理论基础

由此可见:第一,战争只是政治的工具,在任何情况下都不能把它看成自行其是的东西,只有以这种观点为基础,才能严丝合缝地深刻理解战争史;第二,由于战争动机和引发战争的条件不同,所以战争也是迥然相异。因此,政治家和军事统帅做出最具有决定意义的决断的时候,应该根据这两种观点正确认识即将面对的战争,而不能纸上谈兵。在与战略有关的所有问题中,这是最为重要也是涉及面最广的问题,在后面讨论战争计划的时候还得对这一点详加论述。

关于"什么是战争"这个问题的讨论就此停止,因为至此我们已经确定了研究战争和战争理论所需依据的主要观点。

二十八　理论上的结论

战争的性质因时因地而变,通过观察战争的所有外在现象和它的主要倾向,我们可以看出,战争包括三方面:第一,作为战争要素之一,敌对双方的仇恨是一种盲目的自然冲动;第二,基于偶然性而产生的活动,能够使战争成为一种自由的精神活动;第三,作为政治工具,战争是一种纯粹的理性行为。第一个方面与大众有关,第二个方面与统帅和军队有关,第三个方面与政府有关,即引发战争的情绪原先就存在于大众中,在偶然性的领域内,统帅和军队的特点决定了勇气和智谋的活动范围的大小,政治目的则只能由政府指定。

这三个方面是隐藏在战争性质中的三种规律,同时发挥不同的作用。如果有一种理论想去其一,或者想随意确定它们的关系,那么这种理论就会与现实发生冲突,甚至毫无用处,所以我们的任务就是使战争理论在这三方面之间保持均衡,就像在三点之间保持平衡。

第二章　战争的目的和方式

在第一章中，我们已经了解了战争纷繁多变的性质，接下来我们将继续研究战争性质对作战目的和作战方式的影响。

七年战争

作为政治工具,设立什么样的作战目标才能达成政治目的呢? 与战争的政治目的和作战的具体条件一样,作战目标也是变动不居的。

仅从纯粹的战争概念入手,我们就得承认一点:战争领域不包含战争的政治目的。因为从纯粹的战争概念的角度来说,战争是一种迫使敌人服从我们的意志的暴力行为,它始终追求的目标是彻底击溃敌人。这个目标虽然是从纯粹的概念里衍生出来的,但是在现实中人们追求的目标往往和它很接近,所以接下来我们先讨论一下现实中的目标——彻底击溃敌人。在随后的《战争计划》中,我们将探讨"什么是使敌人无抵抗之力",在此之前,我们必须明确敌军、敌方国土、意志这三个因素,因为它们可以概括一切。

歼灭敌军就是说必须使敌军陷入无力反抗的绝境——后面我们所说的消灭敌人都是这个意思;之所以必须占领敌人的国土,是因为敌人可以在自己的国土上重建有生力量;然而,即使达成了这两个目的,只要敌人依然有作战意志,即敌人及其盟国还没有签订和约,或者敌国民众还没有屈服,我们依然不能认为战争已然结束,因为即使我们完全占领了敌人的国土,敌人在本国之内或者在盟国的支持下依然可以卷土重来,不过即使在敌人已经签订和约之后,这种情况依然有发生的可能。然而签订和约之后,很多在暗中继续反抗的人可能就会停止敌对行动,紧张的战局就会渐趋平和,因为在任何民族中,倾向于和平的人占大多数,只要签订和约,这些人就会放弃敌对行为。所以我们说只要签订了和约,战争就算告一段落。

在敌军、敌人国土和作战意志这三个因素中,军队的作用是保卫国土,所以按照正常的顺序应该先歼灭敌军,然后攻城略地,进而可以通过这些优势迫使敌人议和。通常情况下,歼灭敌军和攻城略地这两个目标是循序渐进地达成的,而且这两个目标是互相影响的,因为丢城失地会削弱敌军的力量。但是这个顺序不是一成不变的,有时敌军还没有遭到重创就败退到了国土的另一边,甚至是撤退到国外,在此情况下就可以大举攻城略地,甚至可以占据敌方全境。

然而在事实上可以看到,许多和约被缔结的时候,参战方之一并没有陷入无力反抗的绝境,甚至双方依然处于势均力敌的局面。所以说在纯概念领域里的战争目的——彻底击溃敌人——虽然是实现政治目的的最终手段,也是紧随其他手段的最终手段,但是在现实中它其实无法始终发挥作用,它也不是达成议和协定的必要条件,而且在具体的条件之下,特别是当敌人的力量具有压倒性优势的时候,彻底击溃敌人只是一种毫无意义的概念游戏。

从纯概念领域推断出来的战争目的之所以无法与现实中的战争斗榫合缝,是因为纯概念领域的战争和现实之中的战争极为不同。如果这二者是相同的,那么强弱对比悬殊的国家之间就不会发生战争,因为在纯概念领域中,只有当精神力量能够弥补物质力量之间的差距时才会发生战争,但是对于如今的欧洲来说,物质力量之间的差距并不是精神力量能够弥补的。因此,势如卵石的国家之间发生战争,是因为现实中的战争与纯概念领域的战争相差太大。

在现实中,除了无力抵抗可以议和,还有另外两种情况也可以议和,即获胜的机会渺茫,或者获胜的代价太大。

如前所述,由于概然性的介入,严格意义上的内在规律无法完全掌控战争发展的全过程,而且产生战争的条件更多地具有偶然性的时候，进行战争的动机就越弱，战争形势也会趋于和缓。在这种情况下，就不难理解为什么概然性的推断也能使人们产生议和的想法，所以说战争不是非得以你死我活的结局收场。我们可以这样设想：如果战争动机微弱、局势和缓，即使是微乎其微的偶然条件，也可以使弱势一方让步，当然，强势的一方如果已经预料到这种情况，它就会去尽力达成这个目标，而不是非得彻底击溃敌人。

既然战争是受制于政治目的的理性行为，那么在战争中愿意做出多大的牺牲就是由政治目的决定的。这里所说的牺牲包括两个方面，即牺牲的规模和承受牺牲的时间。所以，对已经做出的牺牲和即将做出的牺牲的考虑，对敌对双方能够议和有极为重要的影响，当需要做出的牺牲超过了政治目的所能承受的范围的时候，人们就会放弃政治目的而议和。

奥地利女王玛利亚·特蕾莎

18世纪50年代，奥地利女王玛利亚·特蕾莎与法、俄结盟，打算夺回被普鲁士强占的西里西亚，腓特烈大帝见战争难以避免，于是决定先发制人，这就是历史上著名的七年战争。战争期间，腓特烈大帝以弱势兵力独力对抗三个邻邦大国，几次面临亡国危险，经过七年苦战，终于成功保住西里西亚，并且使普鲁士一跃成为欧洲强国，他本人也因此而被誉为军事天才。

在战争中，如果其中一方无法对另一方形成压倒性的优势，那么获胜概率和所作牺牲的变动就是影响双方是否议和的重要因素。如果双方都希望议和，政治分歧就会得到调和。如果其中一方急于议和，那么另一方的态度就会比较强硬，只有彼此希望议和的想法能达到一定程度的时候，双方才会议和，一般而言，不急于议和的一方会占据有利地位。

由于政治目的的性质有积极和消极之分，所以它在实际行动中有明显而重要的差别，但是我们在此只能作一般性的论述，因为随着战事的推进，最初的政治目的会发生很大的变化，甚至到最后会变得面目迥异，这主要是由于政治目的受制于已然的结果和可能出现的结果。

这就引发了一个问题：怎么增加战胜敌人的概率？

首先，使用击溃敌人的常规方式——歼灭敌军、攻城略地。但是我们必须知道，使用这种方式增加获胜筹码与使用这种方式彻底击溃敌人，是两种不同的事物。向敌军发动攻击的时候，意图是紧随第一击之后发动暴风骤雨式的猛攻，直到彻底歼灭敌人，还是以第一次的战果来威慑敌人，这二者是截然不同的。如果目的是后者，那么只要我们歼灭的敌军能够达到目的即可。攻城略地的方式与此相同：如果作战目标是彻底击溃敌人，那么歼灭敌军才是具有决定意义的行动，攻城略地则是这种行动的自然结果；如果没有歼灭敌军就进驻敌占区，只能说这是一种不得已而为之的策略。与此相反，如果我们确信敌人的目的不是进行两败俱伤的决战，我们的目的也不是彻底击溃敌人，那么占领守备薄弱或者完全不设防的地区就可以带来利益：如果这种利益大到足以使敌人对战争的结局很悲观的程度，那么占领敌人的地盘就是可以进行议和的筹码。此外，还有一种不必击溃敌人就能增加取胜筹码的特殊方法，即利用与政治有直接关联的措施分化敌人的同盟，使敌人的同盟完全失效，或者为自己争取盟友，或者展开对自己有利的政治攻势。这些措施无疑能够增加取胜的概率，而且也比击溃敌军更为简单有效。其次，想方设法损耗敌人的力量，也就是说使敌人丧师失地。仔细观察就可以发现：如果使用这种手段的目的是消耗敌人的力量，那么它的作用与使用这种手段达到其他目的的作用就是不一样的，虽然在大多数情况下，它们之间的差别微乎其微，但是我们不能因此而被迷惑，因为细如牛毛的差别往往会对使用力量的方式产生决定性的作用，特别是在作战动机很微弱的情况下。不过，在某些条件下，用其他方法也能达到损耗敌人力量的目的。这既不矛盾，也合情合理，并不是什么错误。

除了使敌人丧师失地，还有三种方法可以达到同样的目的：第一，侵而不占，即侵入敌人的领地之后搜刮军用物资，或者是进行破坏，也就是说，入侵的目的不是占地也不是歼敌，而只是使敌人遭到一般性的损失。第二，将作战行动集中于能够使敌人增加损失的对象。一般而言，军队的用法有两种，一种在作战目的是击溃敌人的情况下有利，这种情况更多地隶属于军事，一种在作战目的不是击溃敌人或者无法击溃敌人的情况下有利，这种情况更多地隶属于政治。然而如果从全局来看的话，这两种情况都隶属于军事，只要对军队的用法与当时的条件相吻合，哪一种用法都是合适的。第三，顿挫敌军士气，就应用的广泛程度来说，这是一种最重要的方式。

我们使用顿挫这个词，是因为它可以使这种方式的特征一目了然，而且这个词也确实可以说明这种方式的特质，而不仅仅是为了方便修辞。在军事行动中，顿挫的意思是，以持续性的军事行动消耗敌军的物质力量和作战意志。

达到较大的目的就意味着需要消耗更多的力量，所以我们想利用持久战来战胜敌人，就必须尽可能地降低自己的目的。当我们为自己设定的最低目的是单纯抵抗的时候，我们的作战方式的效果就能够最大化，对于取得的结果也最有把握。然而需要说明的是，我们所说的单纯抵抗是有尺度的，它指的并不是绝对地被动，因为绝对地被动并不是作战。我们所说的单纯抵抗，意思是利用这种手段尽可能地消耗敌人的力量，迫使敌人放弃自己的作战意图。之所以说单纯抵抗有消极性，原因就在这里。

显而易见，在积极意图都能够实现的前提下，消极意图在每一次作战行动中产生的效果弱于积极意图的效果。然而，我们说单纯抵抗的结果最容易把握，就是因为消极意图的效果容易实现，这也是消极意图和积极意图的区别所在。当然，消极意图在每一次作战效果中的缺陷，只能通过打持久战的方式来弥补。因此，如果打算通过持久战来顿挫敌人，那么建基于消极意图的单纯抵抗就是必然采取的手段，这也是在战争领域中随处可以看到攻防之别的根源。现在我们不打算继续从更深的层次讨论这个问题——这个问题后续再议——而只是想说明，这种消极意图本身所具备的有利条件和较强的作战形式有利于实现这个意图，而且战果大小与获胜把握之间的力学关联也体现在这种意图中。

如果集中全力进行单纯抵抗而产生的有利条件能够抵消敌人的优势，那么仅仅依靠打持久战就能增加敌人的消耗，即使敌人的政治目的达到了也是得不偿失，因为这意味着他需要付出更大的代价，所以在这样的情况下，敌人往往会放弃政治目的。由此可见，当弱者与强者对抗的时候，往往会采用这种顿挫敌军士气的方法。

七年战争期间，腓特烈大帝原来没有击败奥地利帝国的机会，如果他企图追随查理十二的步伐，就必定遭到惨败，然而天赋异禀的他通过巧妙地使用兵力，在七年之内使敌方的联盟损耗的力量远远超出了他们的预期，所以敌方最终只好同他议和。这就说明达成作战目标的方法很多，并不是在任何情况下作战目的都是彻底击溃敌人。歼灭敌军、攻城略地、单纯占地、单纯入侵、政治攻势、单纯抵抗，等等，都是达成作战目的的方法，而且任意一种方法都可以顿挫敌军的士气，至于哪一种比较有效，则需要视具体情况而定。

此外还有一系列可以达成作战目标的捷径，不过这些方法因人而异。在与人类交往有关的领域中，哪一个不迸发着具有个人特质的火花？

在战争中，无论是在政界还是在战场上，个人特质都有十分重要的作用。我们在这里只是想说明有这些方法而不打算对其分类，因为这是学究的做法。因为存在这些方法，所以达成目标的途径是很多的。

叶卡捷琳娜大帝

腓特烈大帝对女性比较疏远，与他来往比较密切的几个女性都是具有英雄气概的女中巾帼，俄国的女沙皇叶卡捷琳娜大帝即为其中之一。

如果仅仅把这些方法当成特例，或者认为它们在实效上的差别无关紧要，这就是对这些方法的低估。为了避免这个问题，我们就必须意识到引发战争的政治目的五花八门，或者说必须意识到为了捍卫国家安全而进行的拼死之争，与受外力作用而缔结的乌合之盟或者即将土崩瓦解的同盟为履行义务而勉强进行的战争，有很大的区别。事实上，这两种战争之间的过渡地带存在很多种战争，如果我们在理论上有否认其中一种的权利，这就等于对它们通盘否认——这实际上是无视现实。

上面所谈到的是作战目的，接下来我们谈谈作战手段。

斗争——这是唯一的作战手段。无论斗争的形式有多少种、斗争与为了发泄仇恨而进行的蛮斗的区别有多大、斗争中究竟夹杂了多少不是斗争的活动，但是斗争是战争中产生的所有结果的源头。这一点是战争概念所固有的东西。即使现实活动纷繁复杂,这一点也是无法否认的,而且这一点很容易证明。

军队以斗争这个概念为基础,有军队的地方就有斗争,战争中产生的一切结果都是经由军队实现的,所以与军队相关的一切——组建军队、维持军用物资、整军备战——都隶属于军事活动。在这三者中,组建军队、维持军用物资是手段,整军备战是目的。

战争不是个体之间的斗争,而是由许多个体斗争组成的整体。我们可以用两种方法来区分这个整体中的单位,一种是按照军队本身的建制区分,即主体区分,一种是按不同的作战任务区分,即客体区分。军队的建制形式是,由一定数量的兵员组成军事单位,一定数量的单体进而可以构成更高一级的单位。从这个角度来说,军队中任何一个单位的斗争,都可以构成一个或多或少可以区别的斗争单位。另外,按照斗争对象划分,也可以把斗争分成单位。需要说明的是,我们在这里所说的单位,指的是在斗争中可以相互区别的每一次战争。

如上所述,斗争这个概念是军队的基础,军队的使用事实上就是若干战争决策和战争部署,所以说所有的军事行动都与战斗有直接或者间接的联系。

征募兵员,厉兵秣马,平时的操练,睡眠,吃喝,行军,等等,这一切都是为了在时机来临的时候进行战斗。既然与军事活动有关的一切最终的落脚点都是战斗,那么部署作战方案就等于掌握了与军事活动有关的一切。部署方案和指挥作战在先,军事效果在后,并不能产生于部署方案和指挥作战之前。

战斗中的所有活动都是为了歼灭敌军,或者说是为了使敌军失去作战能力,这一点是战斗这个概念固有的,所以说歼灭敌军是达到作战目的的手段。我们在前面说过,达成政治目的,击溃敌人并不是唯一的手段,因为还有其他的东西可以成为作战目标,所以说歼灭敌军不一定是战斗的目的。虽然有些次要战斗的最终目的是为了击溃敌军,但是这不一定是它的直接目的。

军队的建制形式是很复杂的,如果对利用军队有影响的情况频频出现,军队面临的斗争就尤为复杂,因为这样的斗争必定是由经纬交织的许多不同部分组成的。这些不同部分所追求的目标各不相同,可能这些目标有时候不是歼灭敌军,但它们能够对歼灭敌军提供较大的间接性的助力。比如当一个步兵营奉命驱逐占领某个高地、某座桥梁或者其他地方的敌人的时候,这个步兵营的目的就是占领这个地方,歼灭敌人则是不得已而为之的手段,如果利用佯攻即可达到目的,那么这就是完成任务。

局部战场如此,整个战区也是如此,因为整个战区不仅仅是军队之间的对抗,也是国家与国家、民族与民族之间的对抗。也就是说在这种情况下,呈现的关系形态会更为复杂,作战方式必然有所增加,作战部署会更为繁复,而且由于作战目的具有层级从属关系,最初的手段和最后的目的之间的距离就会越来越大。所以,由于种种原因,在某些战斗中,歼灭敌军并不是目的,而只是一种手段。在所有类似的情况下,战斗本身并没有价值,它只是衡量力量的一种尺度,只有它的结果才有价值。并且,在势如卵石的情况下,只要加以估量,进而判断出力量的强弱,弱势的一方就会做出让步,这时战斗也不会发生。

为什么有时候整个战争活动很频繁,但是实际发生的战斗却没有显著的作用呢? 原因如上所说，因为战斗的目的不一定全都是歼灭敌军，有时候不必进行实际战斗，而仅仅需要通过部署兵力对敌人形成压倒性的优势就可以达到作战目的。关于这一点，战史中有数不尽的例子可以作为佐证，至于说这些例子中有多少是兵不血刃而达到目的，以及有多少例子能够禁得起批判，我们在这里暂时不说，因为我们只是想说明这样的例子的确存在。

虽然战争中的手段除了战斗再无其他，但是对于这种手段的利用方式有很多种，目的不同，采取的方式也不同。这样说好像我们的研究徒劳无功，然而事实并非如此，因为战争的唯一手段——战斗，能够为我们的研究提供一条线索，这条线索纵贯整个军事活动，能够使整个军事活动成为一个整体。

我们曾经说过歼灭敌军是作战目的之一，但是没有说过与其他目的相比，这个目的的重要性有多大。从总的方面来说，这个目的的重要性暂时无法确定，因为它的重要性需要视具体情况而定，接下来我们就来探讨一下它的重要性。

作为战争中唯一有效的活动，通过战斗歼灭敌军是达到作战目的的手段。歼灭敌军是所有军

彼得三世

彼得三世是叶卡捷琳娜大帝的丈夫，此人生性多疑而懦弱，有些神经质，他喜欢军事，但他实际上喜欢的只是一套穿着军服的木偶玩具，他喜欢阅兵，但是一听到炮声就吓得魂不附体。彼得三世在位期间，做出了一定的贡献，但是后来因为政治措施失误，引起了俄罗斯上层社会和军方的一致反对，于是叶卡捷琳娜大帝趁机发动政变，将他废黜，自立为帝。

事活动的基础、支柱，所有的军事活动都必须建立在这个基础上，好像拱门应该建立在石柱上，所以一切军事活动的前提是，如果作为所有军事活动的基础的战斗发生，它必须对我们有利。战斗之于所有军事活动，犹如现金之于期票交易，无论兑现的时间有多长、机会有多小，最终能够兑现都是确定无疑的。由于战斗是所有军事活动的基础，所以每当敌军获胜一次，对于我方而言，战斗的功用就会相应地有所降低，对于敌军而言，既可以通过一次次要的战斗达到这个目的，也可以通过一次具有重大意义的战斗达到这个目的，因为任何一次重要的战斗，都可以影响此前所有的战斗，所以说与别的方式相比，歼灭敌军是一种更为有效的手段。当然，我们这样说的前提是，只有敌我双方的其他所有条件都相同的时候，歼灭敌军才能获得更好的效果。[1]

如果有人因此说暴虎冯河式的蛮干胜于计谋，那将是很大的误解，因为暴虎冯河式的蛮干，有时候不仅无法歼灭敌军，反而会被敌军反噬，我们在上面所说的获得更好的效果，不是针对方法而言，而是针对目标而言。

因为物质力量和精神意志是一个不可分割的整体，所以我们在此必须强调一点：歼灭敌军时必须同时摧毁

---

[1] 意思是，如果敌我双方的其他条件不同，比如经济实力、国际地位等对比悬殊，即使弱势一方获得一次胜利，也不一定会对整个战争产生很大的影响。——译者注

这两方面。当我们谈到大规模的歼灭行动对其他战斗的影响的时候，尤其需要注意到精神因素的流动性。①

虽然歼灭敌军这种手段的价值最大，但这种手段本身的危险性比较高，所以使用这种手段的代价也很大，因为在其他条件相同的前提下，我们歼灭敌军的意图越强烈，自己受到的损耗也往往越大，如果达不到目的的时候，我们就会反受其害，而采用其他手段则可以降低代价和风险，这也是人们往往采取其他手段的原因。然而，采取其他手段有一个条件，即敌方采取的方式与我们相同，如果敌方情愿选择大规模的战斗，那么我方就得针锋相对地应战。在这种情况下，随后发生的一切就会取决于歼灭战的结局。显而易见，在这种情况下，即使敌我双方的其他条件相同，但是一旦发生战斗，即将面对不利的也是我方。因为我们的注意力和力量被分散到了其他方面，而敌人并非如此。

如果两个不同的目的没有从属关系，那么它们就是互相排斥的，可以达到这个目的的力量，不可能同时达到另外一个目的。如果其中一方决定开战，并且确信另外一方另有所图，打算避战，那么它获胜的可能就比较大。只有彼此都预料到对方没有进行大规模作战的意图时，追求其他目的的才是明智的。

除了歼灭敌军，战争中还有其他的积极性目的，我们上面所说的注意力和力量被分散到了其他方面，说的就是分散到了这些积极目的上，而不是说把它们分散到了为了消耗敌人的力量而进行的单纯抵抗上。因为单纯抵抗不具备积极性，采取这种方式的时候，我们的力量只能被用来粉碎敌人的意图，而不能用在其他方面。

歼灭敌军和保存自身这两种企图是不可分割而相互影响的，它们其实是同一种意图的两个方面，我们需要研究的，是其中一方占据主导地位时，将会对另一方产生什么影响。歼灭敌军是积极企图，能产生积极效果——最终击溃敌人；保存自身是消极企图，能产生消极效果——单纯抵抗，粉碎敌军意图，通过打持久战消耗敌人的力量。

积极企图引发歼灭行动，消极企图等待歼灭行动，至于对"等待"尺度的把握，我们将在讨论进攻和防御的时候详加论述，因为这涉及了进攻和防御的根源。我们在这里想说的是，等待绝不是一味忍受，而是说在等待期间可以歼灭进犯之敌。从这个角度来说，如果因为企图是消极的就避战不出，不能把歼灭敌军作为目的，就是大错特错。

当消极企图占据主导地位时，人们的确倾向于采用不流血的方法，但是采用这种方法是否合适取决于敌人的条件，所以说我们急于保存自身的时候，这不是最好的方法。如果实际情况无法提供采用这种方法的条件，那么这样做反而会使自己的军队遭到灭顶之灾，许多统帅都因为这个错误而陷入了万劫不复的境地。当消极企图占据主导地位时，它的作用是唯一的，即推迟决战时间，等待最佳决战时机来临。时间与空间是有联系的，在条件允许的情况下，通过变换空间还能挽救颓势，然而当局势不利于继续推迟的时候，消极企图的优越性就丧失了，此时原先被抑制的企图——歼灭敌军——又会重新浮出水面。

①　意思是，如果其中一方获得大规模歼灭战的胜利，敌军受到的精神打击就越大，反之亦然。——译者注

综上所述可以看出，在战争中达成政治目的的方法不胜枚举，然而用武器解决问题是军事活动的最高法则，如果敌人决定发动战斗，我们就得迎头而上。只有在确定对方不会出战，或者有把握击败敌人的前提下，才能使用其他方法。至于使用其他方法会产生什么结果，我们以后再说，在这里只能说使用其他方法是有可能的。

在政治目的和政治动机微弱的情况下，审慎的统帅可以在政府和战场上运用各种巧妙的办法，避免大规模的流血冲突，并且可以利用敌人的弱点，达到议和的目的。如果他的做法有充分的根据和成功的把握，我们就没有权利刁难他。然而，我们必须提醒这样的统帅，让他知道他走的是羊肠小道，随时都可能遭到战神的突然袭击，必须时刻关注敌人的动向，以免敌人挺剑而斗的时候，自己只能在匆忙之中拿着只有装饰性作用的佩剑迎战。

什么是战争？作战目的和作战手段怎样在战争中发挥作用？现实之中的战争怎样围绕着概念意义上的战争发生波动，却又像服从最高法则一样永远服从它？与这些问题有关的一切结论，我们必须牢记，并且在研究后续论题时需要经常想到它们。只有这样，我们才能理解这些论题之间真正的关系和它们的特殊意义，而不会经常与现实相抵触。

叶卡捷琳娜大帝戎装图

第三章　军事天才

　　无论是在什么领域，必须在智力和情感方面天赋异禀，才能获得非凡的造诣。如果有的人的禀赋和成就过人，那么这样的人就可以被称为天才。关于天才的含义众说纷纭，如果想利用其中的某些含义来说明天才的实质是很困难的。我们既不敢自命为哲学家，也不敢自命为语言学家，所以我们可以按照语言习惯把天才理解成对某种活动很擅长的一种精神力量。接下来我们将谈谈这种精神力量的作用和价值，因为这样能更详细地说明为什么这样说——把天才理解成对某种活动很擅长的一种精神力量——的理由，并且能够进一步了解天才这个概念的含义。需要说明的是，我们不能只谈一般意义上的天才，即那些因为才能卓著而被称为天才的人，因为这个概念并没有明确的界限。

卡罗琳·威廉明娜

卡罗琳是英王乔治二世的王后，也是腓特烈大帝的密友，乔治二世在位期间对她十分依赖，甚至达到了言听计从的地步，伏尔泰对她的评价很高，称她为"坐在王位上的哲学家"。

　　这些精神力量在军事活动中的综合表现，是我们应该着重研究的对象。因为军事天才不仅仅是与军事活动有关的一种力量，而且也是与智力和感性有关的力量，所以我们说军事天才是一种综合表现，或者说是各种精神力量的有机结合，其中各种力量所起的作用有主次之分，但是它们的作用都是促进性的。

　　军事天才是精神力量的一种特殊表现，所以在那些必须从多方面发挥精神力量的民族中，军事天才很少出现；反之，如果一个民族的活动种类很少，而军事活动在其中所占的地位又很重要，那么出现军事天才的可能就越多，但是出现的军事天才多，并不代表他们的质量高，因为军事天才的高低还取决于一个民族的总体智力水平。

　　野蛮民族的尚武精神普遍高于文明民族，几乎每个能够戎装上阵的蛮族战士都有尚武精神，而在文明民族中，大多数戎装上阵的人都是因为逼不得已。但是野蛮民族中从来没有出现过伟大的统帅，可以称为军事天才的人也是凤毛麟角，这是因为蛮族的总体智力水平比较低。同理，如果文明民族的好战倾向越强烈，具有尚武精神的人就越来越多,当普遍性的尚武精神与较高的民族智力水平结合在一起的时候,辉煌的战绩就会应运而生,比如罗马人和法国人就是这方面的例证。事实上,在其他民族中,伟大的统帅也是在民族智力水平比较高的时候出现的。接下来我们将要说到智力对军事天才的作用。

战争领域危险密布,勇气是军人必备的武德。勇气分为两种,一种是个人敢于涉险犯难,一种是敢于承担个人过失,这里只说第一种。第一种勇气也可以分为两种,一种是常态,这种勇气或者是出于天性,或者是藐视死亡,或者是后天养成;第二种不是常态,而是出于一时情绪波动使然,比如由爱国心、荣誉情感而生发的激情。显然,这两种勇气是不同的,第一种勇气永远不会消失,因为在一定程度上它已经成了人的一种天性;第二种勇气则往往能够产生很大的激励作用。比如顽强属于第一种勇气,而胆大属于第二种勇气。第一种勇气可以使人保持头脑清醒,第二种勇气有时有这种作用,有时则会使人神志狂乱,二者结合,才能成为最完美的勇气。

战争是一种劳心费神的东西,必须精力充沛才能抵抗压力。拥有这种素质的人,如果能以健全的智力为引导,就可以拥有有力的作战工具。虽然拥有这种素质的人在蛮族和半开化民族中很

乌克兰酋长马泽帕(穿白衣者)会晤查理十二(穿黄衣者)

查理十二(1682—1718),瑞典在大北方战争时期的国王、军事天才,因为军事才能与拿破仑不相上下,并且都在征俄战争中遭到惨败,所以有人称其为“18世纪初的小拿破仑”。此人对战争有一种类似于狂热的癖好,对战争中的所有困难都等闲视之,而且城府极深,在世期间就被人当成神话中的英雄人物。

常见，但是如果深入研究战争对军人的要求，那么我们就可以知道，智力其实是最主要的。

战争中的未知因素太多，我们在行动中无法确定的多达四分之三，所以必须才智敏捷才能做出准确的判断来迅速辨明真相。虽然愚者千虑亦有一得，莽夫之勇有时也可以弥补思虑不周之失，但是在大多数情况下，智力不足必有差池。战争也是充满偶然性的领域，偶然性就像不速之客，除了经常与偶然性打交道的战争，所有的人类活动中再无其他能够给它提供用武之地的领域。由于估计有误或者情报失真，不断出现的偶然性总是会使实际情况难以把握，甚至会扰乱作战进程。所料与所遇有出入——指挥官在战争中经常碰到这种情况，所以他们的计划总是会受到影响，如果影响太大，原先的作战计划甚至会被全部推倒，以新计划取而代之。

在这种情况下，由于急需采取行动，但是人们并没有时间重新了解情况，所以缺乏做决断的依据，有时候甚至连思考的时间都没有。此外，还有一种情况更为多见，那就是随着想法的改变和意外事件的发生，我们的信心有所动摇，但是还没有严重到足以推翻计划的地步，也就是说对情况了解得越深入，不确定性不降反升。面临这种情况的时候，我们不得不时刻紧绷神经。战胜意外事件必须具备两种特性，一是在迷茫之际引燃内在的理性之光，一是跟随理性之光一往无前。在法语中，前者被形象地称为慧眼，后者则为果断。

在战争中，万众瞩目的焦点是战斗；在战斗中，时间和空间是最为重要的因素，尤其是在以骑兵为主的闪电战中，所以当机立断这个概念，以及慧眼这个与目测能力有关的词语，就是在综合考量时间和空间的基础上产生的，许多军事学家就是从这个角度来理解慧眼的含义的，但是在当机立断的这一瞬间，"慧眼"包含的东西是很多的，比如正确地指定攻击目标等，所以慧眼不仅仅包括视力，还包括洞察力。仅在战术意义上，这个词的意义和它的字面意义往往相近，但是在战略意义上，它的意义则往往是当机立断。

在有些情况下，勇气的表现是果断，如果说果断是一种性格，那么这就是一种习性，但是这里所说的不是匹夫之勇，而是勇于负责，即敢于面对精神压力。这种勇气脱胎于智力，所以被称为智者之勇，但不能说这就是智力的所有表现，因为它依然是一种感情上的表现。另外，智力与勇气也不是等同的，在现实中我们可以看到，有些聪明绝顶的人往往多谋而寡断，所以说智力必须激发出勇气，才能有所依仗，因为在紧急关头，人们更多地受到的是感情的支配而不是受到思想的支配。

当动机不够强烈的时候，果断能够消除犹豫不决所带来的苦恼和危险，这是我们所认为的果断的功用，而且我们所说的这种果断只能通过智力活动产生。有的人虽然有敏锐的洞察力，能够通过复杂的表象看到本质，也有勇于承担重任的勇气，但是他们在面临棘手问题的时候经常举棋不定，这是因为他们的勇气和洞察力各行其道，没有产生出果断。所以我们说如果仅仅是洞察力和勇气的简单结合，也无法产生果断。因此，只有在意识到冒险犯难的必要并且有冒险犯难的勇气的时候，果断才能应运而生，有些意志坚强的人行事果断，正是这种特殊智力活动的结果，即以惧制惧——因为害怕犹豫不决而能战胜犹豫不决以及其他恐惧心理。

在我们看来，有些智力不是很高的人无法做到果断这一点，虽然在有些艰险重重的场合他们也能快速应对，采取行动，但这并不是深思熟虑的结果，而是无知作祟。无知无畏，当然不存在顾虑。这种铤而走险的举动有时也能成功,但是从总体结果来看,并不能说他们是军事天才。

智力的特殊活动是果断之母,但是能够进行这种智力活动的人,并不是才华出众的人,而是意志坚强的人。举例来说,有的人位卑时能够表现出快刀斩乱麻的果断,但是升迁之后,他们就变得犹豫不决,他们虽然想当机立断,但是因为害怕一时决断而引发的危险就会首鼠两端,这是因为他们此时面临的情况与之前不同,所以智力就无从发挥原先的力量。当然,当他们越来越多地意识到犹豫不决所带来的危险的时候,就会越来越习惯于三思而行的迟疑作风,也会越来越裹足不前。

说到慧眼和果断,难免需要谈谈与它们类似的机变。作为一种能够处理意外事件的能力,机变与总是充满意外事件的战争可谓棋逢对手。人们对机变这种才能赞赏有加,就是因为它在处理意外事件的时候往往能够使人做出正确反应。这种反应只要是正确的即可,不一定非得是非比寻常的。因为当一种方案是深思熟虑的结果时,它看起来往往平淡无奇,而当它是机变反应的结果时,却能令人敬佩。

危险、压力、不确定性、偶然性,这是形成战争气氛的四种要素。要想在这种艰险重重的气氛中顺利前进,就需要感情和智力方面提供强大的支持。在不同的情况下,它们所能提供的支持会表现出不同的形式,虽然战争的亲历者和报道者对它们的称呼不同——比如干劲、坚强、顽强、刚强和坚定等——但是它们都是同一种意志在不同情况下的不同表现。对于这些不同表现之间的区别,我们有必要稍微加以准确叙述。

为了使观念明确,首先我们必须指出,指挥官之所以产生上述精神力量,只有一小部分原因是因为敌人的行动。敌人的行动对指挥官最直接的威胁,是影响他的生命安全,而不是影响他的指挥活动。比如敌人的作战时间是四个小时,那么在这四个小时里,指挥官将会面临生命危险。对于指挥官而言,军衔越高,生命危险越小,地位最高的统帅则没有生命危险。

其次,当敌人的持久抵抗使我方遭到损失的时候,由于需要对此负责,敌人的抵抗就会对指挥官产生直接性的影响。由于损失而引起的焦虑,首先考验的是指挥官的作战意志,不过在他必须承受的负担中,这只是一小部分,此时需要他做的只是不要自乱分寸。然而,敌人的持久抵抗多引起的其他影响,都会对指挥官的下属产生压力,并且进而能够对指挥官本人形成压力。当军队士气高涨的时候,指挥官不必发挥太多的个人意志,即可达到目的。但是当战事受挫时,由于作战阻力的增大,指挥官就有必要发挥强大的意志。虽然个别人在这种情况下会抗命,但是这并不是所有的作战阻力,此外,作战阻力还包括军队因精力渐衰而造成的整体败退现象,以及指挥官因看到血流成河的惨状而产生的痛苦情绪。但是指挥官必须鼓起勇气,并且需要战胜下属的消极情绪,以

瑞典轻骑兵

防止这种情绪直接或者间接地影响自己。如果部下的体力和精神力量不断衰退，已经无法重新振作起来面对危局，那么指挥官的压力就会增大。这时，他必须临危发奋，鼓起部下的斗志，只有这样他才能控制下属，领导他们打破僵局，否则他就会不顾军人的荣誉而临阵脱逃。这就是指挥官在战争中必须以勇气和坚强来克服压力，唯有克服压力，他才能取得辉煌的战绩。从这个角度来说，指挥官的职位越高，他的精神力量就应该越强。

干劲是引起某种行为的动机强度，这种动机可能来自理智，也可能来自感情，特别是在有感情因素介入的时候，它往往能够发挥巨大的作用。

在战况激烈的情况下，荣誉心是人们心中所有的高尚情感中最为强烈的一种情感，这也是稳定性最好的一种情感。德语中有一个用来表达这种情感的贬义词，即沽名钓誉，但是这种说法有欠公允。虽然对这种情感的滥用，在战争中可能引发令人发指的暴行，但是仅仅从情感来源的意义上说，这种感情的确是最为高尚的情感之一，因为它是军队灵魂真正的生命力所在。与爱国心、狂热的理想主义、复仇等情感一样，荣誉心是一种不可或缺的情感，其他情感虽然也能振奋士气，却不能使指挥官树立更大的雄心壮志——至少要比下属的大。对于任何一个有雄心壮志的指挥官来说，要想获得辉煌的战果，荣誉心是不可或缺的，因为其他情感都无法像荣誉心那样，能使指挥官如同躬耕陇亩的农夫对待土地一样——精耕细作，挥汗如雨，期望丰收——细心地对待每一

大北方战争

大北方战争（1700—1721）是俄国与瑞典为了争夺波罗的海出海口而发生的争霸战，战争的结果是俄国称霸波罗的海，瑞典自此一蹶不振，渐渐从欧洲列强的名单上消失。

次军事行动。正是因为各级指挥官的荣誉心、进取心和勤奋,军队才能发挥最大的作用并获得胜利。从古到今,哪一个没有荣誉心的统帅是伟大的呢?没有荣誉心的统帅简直是不可想象的。意志遭到猛烈打击时表现出来的抵抗力是坚强,遭到持续打击时所表现出来的抵抗力是顽强。坚强与顽强意义相近,有时候可以相互替代,但是它们在本质上是不同的:坚强可能来自感情力量;顽强则更多地需要智力的支持,因为随着作战时间的延长,就需要加固行动的计划性,而顽强力量的一部分就是从这种计划性中产生的。

那么,什么是刚强呢?刚强指的并不是激昂的情绪,而指的是在情绪激昂时能够保持理智的能力。有的人才智过人,但是自控能力不好,这就说明刚强并不是智力的产物,可能有人会强词夺理,认为产生刚强的基础是一种特殊的智力,但是我们依然认为刚强——能够在情绪激昂时保持理智的能力,即自控能力——是一种感情力量,而且我们也认为这种说法是比较正确的。这是一种特殊的感情,它能使人在情绪高昂时将激情维持在合理的范围之内,进而可以维护智力的支配性的地位。也可以说这种感情其实就是自尊心、自豪感,能够使人时刻以判断力和智力作为行动的标尺。

如果以感情作为看人的标准,我们可以发现三种人:第一种人是木讷的,感情迟钝,或者说比较冷漠;第二种人敏感而内敛,易动感情但是不会外露;第三种人情感暴烈而短暂;第四种人感情强烈,但是不轻易流露,一旦外露就会表现得有力而持久。

神经系统既与肉体有关,也与精神有关,如上所说的感情差别大概与神经系统的双重性有关联,而且也与人体力量的变化有关联。感情领域晦暗不明,以现有的哲学知识根本难究其妙,但是辨别这几种人在军事活动中的作用以及所表现出来的刚强的程度是很有必要的。

感情冷漠的人往往能够保持冷静,但是不能说这就是刚强,因为他只是保持冷静,而没有表现出任何力量。然而因为往往能够保持冷静,所以这样的人在战争中有用武之地。虽然这种人往往因为缺乏行动的动力而难以有所表现,但是他们不容易坏事。

敏感而内敛的人遇到小麻烦容易奋起,遇到大事则容易一蹶不振。面对个体的不幸时,他们能够施以援手,然而在面临国难的时候却束手无策。所以这种人在战争中能积极行动,也能保持冷静,但他们难以担当大任,除非因为才智过人能够使他们产生雄心大志,不过这种人一般都是才智中等的人。

脾性暴躁的人连处理日常生活尚且不能得心应手,何况面对的是棘手的战争。虽然冲动有利用价值,但是他们的冲动往往不够长久,必须以勇气和荣誉为引导。职位较低的时候,他们的冲动有利用的价值,因为在这种情况下,他们面对的往往是短暂的遭遇战,只要下定决心即可勇敢地冲锋陷阵,这种事只需要几分钟就可以,但是面对的是需要耗费一天的激战或者是耗费一年的战役的时候,让他们保持冷静就是难上加难,他们甚至会丧失理智,对指挥官来说,这显然是糟糕透顶。然而,如果说这种人绝对没有刚强的一面,在情绪激昂的时候绝对无法保持镇定,这也不符合现实。因为他们通常都是高尚而有自尊的人,有时候因为时间紧迫,这种感情没有来得及发挥作用,所以事后他们都会悔恨。如果经过锻炼,他们的自控能力能够加强,能够在情绪激昂的时候保持镇静,他们就会成为刚强之士。

与脾性暴躁的人相比,感情强烈却不轻易外露的人就好像焰心,前者则是外焰。如果说军事活动中的困难是庞然大物,那么这种人就是拥有巨大力量的巨人,他们的感情活动就像运动中的庞然大物,虽然迟缓,但是无法拒止。与脾性暴躁的人不同的是,这种人不容易被感情摆布,也不会在事后悔恨。然而,如果说这种人能够永远保持镇定,能够永远不受激情的影响,也是不对的。这种人的自控能力基于高尚的自豪感而生,如果失去自豪感或者自豪感不够强烈的时候,他们就会丧失冷静,被激情玩弄于鼓掌。由于蛮族的智力水平比较低,激情具有优势地位,所以在蛮族中的伟大人物身上,经常可以看到这种现象。当然,即使在文明民族中最有教养的人中,也有这样的现象。所以我们要再次说明:刚强的人具有两个特性,一是有激情,一是能够在情绪高昂的时候保持镇定。虽然有时候这种人的内心波动很大,但是他们的信念就像罗盘,虽然船只在暴风雨中起伏不定,但是罗盘始终能够指出正确的方向。

什么是坚定呢? 坚定就是我们平时所说的有性格,或者说是能够坚持信念。这种信念可能是根据见解——自己的或者别人的——而来,如果见解经常有变,坚定性就不可能得以表现。

见解的改变有时候是因为受到了外界因素的影响,有时候是受到了自身智力活动的影响——这说明智力活动是不稳定的。如果一个人的见解总是变化,即使这是他自身智力活动的结果,也不能说他有性格,也就是说只有信念稳定的人才是有性格的人。这些人的信念之所以是稳定的,

纳尔瓦战役中获胜的瑞典军队

纳尔瓦战役是大北方战争期间一次重要的战役,发生于1700年11月30日,此战期间,查理十二通过机动化地使用兵力,灵活作战,以8000人击败了彼得一世所率的3万俄军。

或许是因为信念在他们心中已经落地生根，不容易发生变动，或者是因为智力活动的频率不高，没有改变信念的基础——比如感情冷漠的人，或者是因为他们有主导理智的原则，意志活动明确，拒绝改变自己的信念。

在战争中，人们了解的情况往往是来自感情上的强烈印象，也就是说，人们在此时了解的情况和在此基础上产生的见解都不可靠，所以与人类的其他活动相比，在战争中存在更多的因素能够使人们偏离原来的见解，进而对自己和别人产生怀疑。

比如在感情与理智的较量中，命悬一线的危险和血流成河的惨状，往往能使感情占据上风，尤其是在局势不清楚的情况下，得到一针见血的见解更是难上加难，所以改变见解在此情况下就是可以理解的。有时候得到见解的依据只能是推测，所以与其他地方相比，在战争中发生分歧的可能性会大得多，而且有时候还会出现与个人信念互相抵触的印象，就算是智力低下的人也会受到这些印象的影响，因为这些印象是强烈而鲜活的，而且能够始终对感情产生影响。

具有普遍意义的原则都是深思熟虑的结果，看待具体问题的时候，我们应该以这些具有普遍意义的原则为指导，但是这样做的时候可能会面临很大的困难：既要坚持这些普遍原则，又不受不断出现的新看法和新现象的影响。具体问题和具有普遍意义的原则之间的跨度很大，并不是环环相扣的，在由此及彼的途中，信心和怀疑都是需要的。这时候有一个原则对我们有很大的帮助，我们不需要考虑原则本身，只要让它引导我们的思想就可以。这个原则就是，举棋不定的时候必须坚持最初的想法，永不言弃，除非有一个明确的信念能让我们放弃最初的想法。经过考验的原则是比较可靠的，我们必须坚信这一点，并且应该知道暂时性的现象往往只是表象。如果我们在举棋不定的时候能够坚持原来的信念，那么我们的行动就具有持续性和坚定性，这也就是人们所说的性格。

说到坚定，我们就得说到它的另外一种变相的形式，即冥顽不化。虽然坚定与冥顽不化在概念上的差别比较明显，但是在具体情况下，划分这二者之间的界限却比较难。智力是一种认知能力，冥顽不化是一种感情缺陷，冥顽不化的人并非智力低下，而是因为他们拒绝接受更好的建议。之所以如此，是因为这种人有一种特殊的自私心理，他们喜欢用自己的精神活动支配自己和别人。要不是冥顽不化比虚荣心稍微好一些，它就等同于虚荣心了。虚荣心仅仅满足于表象，而顽固则满足的是事实。从这个意义上来说，如果拒绝不同的意见不是因为自己的信念更好，或者说不是因为自己对普遍性原则的信赖，而仅仅是因为情感上的抵触，那么在这种情况下，坚定就会演变成顽固。

作为一个优秀的指挥官，他应该具备的素质中应该兼有感情成分和智力因素。了解了这一点之后，我们接着来说说军事活动的另外一个特点——战争与地形的关系。这个特点不是最重要的，但是它的作用比较明显，而且它与感性因素无关，只需要智力因素。

首先，战争与地形的关系是永存的，因为所有的军事行动必须在一定的空间内进行。其次，战争与地形的关系具有举足轻重的意义，因为它能影响作战效果，有时候甚至是完全改变作战效果。第三，这种关系既指局部地区的细微特点（比如交战区），也指广阔空间的特点（整个战区）。

大北方战争期间，被瑞典军队俘获的俄军奸细。

在战争中，情报是一个极为重要的因素，这也是克劳塞维茨反复强调的一点。纳尔瓦会战期间，查理十二能够以少胜多，很重要的一个原因，就是他在战前通过俘获的俄军士兵了解到了彼得一世的作战计划。

在人类活动中，还有一些与地形有密切的关系，比如建筑、园艺、农业、水利、采矿业、林业、狩猎活动等，这些活动的空间是有限的，很快就可以搞清楚。然而战争活动的空间，不是指挥官用双眼就能一览无遗的，即使是竭尽全力，他们也难以明察秋毫。此外，由于战争空间经常改变，这也给指挥官增加了许多难度。当然，对于敌方来说，情况也是如此。在此形势下，谁能克服难关谁就能占据优势地位。不过，我们所说的敌对双方面对的困难是相同的，只是针对一般情况而言，并不是说在所有的情况下都是如此，因为在具体条件下，其中一方往往比另一方对地形更为熟悉。[①]

这种特殊的困难必须用特殊的禀赋来克服，用狭义的术语来说，这种禀赋就是对地形的判断力。什么是地形判断力？即对任何地形都能迅速形成正确的数学概念，并且进而能够判明方位。显而易见，这其中有想象力的作用。

判断地形，一方面需要肉眼发挥作用，一方面需要智力发挥作用，或者说，需要利用在科学和经验的基础上产生的理解能力来弥补肉眼的不足，进而把肉眼看到的零散片段整合成一个整体，使这个整体在脑海中形成一幅直观的地图，永远留在心中。做到这一点，就得依靠想象力的作用。有

① 比如，当甲方侵入乙方的国土时，乙方对地形的熟悉程度优于甲方，反之亦然。——译者注

些人将想象力奉为女神，比如诗人或者画家，如果有这样的人认为我们这样说，是对他们心目中女神的玷污：这样说是不是就意味着即使一个敏捷的猎手也有高超的想象力？如果真有这样的人发出质疑，那么我们得说，这里所说的想象力只是在有限范围内的运用，或者说这只是想象力所能发挥的最低的作用。因为如果没有想象力发挥作用，我们就无法把各种形象化的片段整合成一个直观的整体。固然，记忆力在此过程中功不可没，但是我们难以断定记忆力是一种独立的精神力量，还是从属于想象力，因为从某些方面来看，记忆力和想象力是很难完全区分的。

职位越高，地形判断力的运用范围就越大。如果说侦察兵只须具有少量这种能力能够探明道路即可，那么统帅就必须对全国的山川地理了如指掌。虽然在这一方面，统帅可以借助地图、情报、参谋人员等提供的消息，但是心中有一幅直观的地图的话，他就可以减少对外物的依赖，能够使整个军事活动变得更为高效。如果说这是想象力的作用，那么可以说这是肆无忌惮的想象力女神所能发挥的唯一的有益作用。除此之外，它对军事活动可以说是有百害而无一利。

至此，关于军事活动要求人们必备的智力因素和情感因素的讨论，可以告一段落。无论在什么地方，智力都是一种起主导作用的力量，所以说，即使有些军事行动从表面上看很简单，也不复杂，但是若非才智杰出之人就无法获取辉煌战绩。

军事活动中，有的活动曾经千百次地出现过，比如迂回敌军阵地，以上述观点为基础，我们就不会把它们都当成高度运用智力的结果。虽然我们惯于将军人和那些思维缜密的人、有创造性天才的人、才华出众的人对立看待，而且这样做也有一定的事实依据，但是这并不能说明军人的天才仅仅指的是勇气，也不能说明成为出色的战士就不需要谋略。我们必须再次说明：有些人一旦被提拔到与才智不相符的地位，就会丧失原先的活动能力，这样的事例不可胜数。此外，我们还得说明：我们所说的卓越成就是人们在他自己的职位上所获得的声誉。所以，各级指挥官具备的智力和享有的声誉是相对应的。

统帅与下层指挥官之间的区别是很大的：下级指挥官更多地居于被领导和被监督的地位，智力活动的范围比较狭窄。所以，人们往往认为位高权尊者才需要非凡的才智，下属只须具备中人之资即可。的确，有些在军队中服役多年且职位仅次于统帅的指挥官，因为多年来只从事某一方面的活动而显得有些智力不足，甚至被别人认为是迟钝，所以人们敬其勇而轻其智。为这些勇敢的人争取声名既不能提高他们的作用，也不能给他们带来幸福，所以我们并不打算这样做。我们只想说明事实，以免人们认为在战争中仅凭勇气也能获得辉煌战绩。

如果想获得辉煌战绩，即使职位比较低的指挥官也必须有出众的才智，而且随着地位的提升，智力也必须得到相应的提升。以这种看法为基础，我们就会对下级指挥官刮目相看。与才高八斗的学者、精明务实的企业家、长袖善舞的政治家相比，他们的确显得有些思维简单，但是这并不意味着可以对他们的才智视而不见。虽然有的人升迁之后还享有职位较低时得到的声誉，但是事实上此时他们与这些声誉并不相符。如果这种人在升迁之后很少被用到，那么他们被暴露的危险就不大，我们也因此难以断定盛名之下是否无虚士。因为有这样的人，所以那些在职位上有所作为的人重要性就被低估了。

波尔塔瓦会战

　　波尔塔瓦会战发生于1709年，是大北方战争的一部分，由于决策失误，瑞典军队遭到惨败，俄军获得了具有决定性意义的胜利。

　　职位无论高低，只要具备一定的天才，就能有所成就。然而世间舆论往往把天才赋予位置最高的统帅，就是因为担任这种职位的人必须具备非凡的才智。

　　统帅成为政治家必须具备一个条件，即军事与政治合二为一。达到这个目标，就必须对相对于战争而言层次更高的国家关系有卓越的见解，只有做到这一点，才能在大规模军事行动中取得辉煌的成就。查理十二[①]没有得到天才的称号，是因为他不懂得军事应该服从于政治；亨利四世[②]也没有享受此尊荣，是因为他还没有来得及以军事成果调整国际关系就去世了。即使统帅成为政治家，他依然是一个统帅，一方面他必须了解政治关系，一方面则必须明确自己能够用掌握的东西做什么。

　　统帅面对的关系纷繁复杂，没有明确的界限，他们做出决断的时候往往只能在概然性规律的基础上进行估计，如果没有明察秋毫且能洞若观火的能力，他们的思维就会陷入混乱，甚至无法做出判断。所以拿破仑说统帅做决断的时候，就像牛顿和欧拉计算数学难题。这里对统帅的智力所

[①] 查理十二（1682—1718），瑞典国王，此人少年即位，是西方军事史上的名将之一，对战争有一种狂热的爱好。——译者注

[②] 亨利四世（1553—1610），法国国王，法国波旁王朝的创建者，在位期间使法国的国力蒸蒸日上，几乎称霸欧洲大陆，1610年遇刺身亡。——译者注

作的要求,是化零为整的综合能力和高瞻远瞩的判断力,二者结合即可成为拨草瞻风的洞察力,拥有这种能力就可以在乱象丛生的局面中抓住本质,而智力一般的人则需要劳神耗力,甚至心力衰竭也无法看清本质。然而,具备这种能力的人——前面所说的慧眼独具的人——如果没有上面所说的情感特征和性格特征,也无法青史留名。

认识真理所产生的动力是有限的,因为从知到行之间的差别判若云泥。促使人们采取行动的最为强劲的动力来自情感,产生这种情感的基础则是感情与智力的综合体,即果断、坚强、顽强和坚定的合体。此外,如果人们只是相信某个统帅有卓越的才智和情感活动,但是它们并没有转化成他的成就,那么这样的统帅也难以留名青史。

为人所知的战争过程通常大同小异,都是一笔带过的简述,仅凭这些东西,很难了解作战过程中的种种艰难。只有在统帅及其亲信的回忆录,或者是在相关的历史研究著作中,人们才能发现构成整个事件的所有线索中的一些蛛丝马迹。但是进行重大行动之前相关的内心挣扎记录,有的因为政治冲突引发的利害关系而被有意隐瞒了,有的则被当成可有可无的东西删除了。

最后,如果我们按照口头习惯所用的一般性概念承认智力有高低之分,而不是勉为其难地对较高的精神力量下一个明确的定义,那么我们就要问:具备什么样智力的人才能被称为军事天才呢?对我们此前的论述稍微加以考虑即知,能被称为军事天才的人不是具有创造性,而是具有钻研精神,他们不是追求单方面的发展,而是追求多方面的发展,他们不是情绪容易波动的人,而是能够保持头脑冷静的人。在战争中,我们愿意把战士的生命和祖国的安全和荣誉托付给这样的人。

第四章　战争中的危险

没有见识到战争危险性的时候，在人们的想象中，战争并不是可怕的，而是吸引人的。

在激情的驱使下扑向敌人，面对死神的一瞬把心一横，将自己的命运和敌人的命运都托付给死神，当这一切都发生在胜利的果实触手可及的时候，谁还在乎流弹和死亡呢？难道视死如归是困难的吗？

我们先陪同从来没有见过战争的人到战场上吧。

当我们离战场越来越近的时候，越来越响亮的开炮声和不停呼啸的炮弹破空声，会引起拜访者的注意。当炮弹在我们附近落下来的时候，我们开始匆匆跑向指挥官及其随从所在的高地。

甘古特会战

甘古特会战发生于1714年，以瑞典军队的惨败而告终。据资料统计，当时俄军与瑞典的海军数量对比为15:1，在数量上远远超过了对手，大战期间，由于战区面积所限，俄军有些舰队甚至未能参战。

高地附近,炮弹下落如雨,榴弹也在不断爆炸。这些危险的现实状况无疑会打破拜访者的天真幻想。忽然,一颗榴弹在人群中炸开,有一个熟识的人倒下了,于是人群开始骚动,即使最为勇敢的人也有些心神不宁。我们继续前进,来到了一个师长身边,这里的炮弹如同冰雹,再加上震耳欲聋的炮火声,更加使人胆战心惊。这个师长附近有一个旅长,这个旅长胆量过人,这一点是得到大家公认的,当我们来到他身边的时候,他正在山头、房屋和树木后面寻找掩体,这足以说明危险的严重性。在这里,榴弹如同瀑布一般,在田野和房顶上飞流直下,密密麻麻的炮弹不停地在我们身边掠过,同时还有枪弹破空的呼啸声。我们继续前进,来到了一支步兵队伍身边,在非常强悍的作战意志的支持下,他们已经与敌人持续交火好几个钟头。这里的枪弹所发出的声音是尖锐而短促的,这说明枪弹就在我们身边,此外,看到伤亡人员的惨状,更加使我们心惊肉跳。

　　第一次到战场的人接触到程度不同的危险时,都会意识到现实与理想的不同。习惯成自然,来到战场半个小时之后,可能有的人就能对周围发生的一切无动于衷,但是普通人还是无法对眼前所见置若罔闻,所以说如果某人刚来到战场的时候,能够保持镇定而不乱方寸,那么他一定非同寻常。在战场上,一个人只有普通人的精神力量是远远不够的,尤其是需要他担负很大的责任的时候。在这种环境中,人们如果想得到坐而论道时所臆想的结果,就得具备百折不挠的勇气、强烈的荣誉心和视死如归的胆量。

　　我们在这里之所以谈到战争中的危险,主要是为了使认知符合真理,因为战争中的危险是战争的阻力,必须对它有一个正确的看法。

第五章　战争中的劳累

　　四肢冻僵、酷热难耐、饥肠辘辘、精疲力竭,如果让一个人在这四种状态下对一些与战争有关的事件做出判断,那么从客观角度来说,他们做出正确判断的概率很小,但是从主观角度来说,这些判断因为能够反映判断者和被判断事物之间的关系,所以它们是正确的。比如见过不幸事件的人,以及不幸事件的亲历者,在判断不幸事件的时候,所得的结果往往是消极悲观的,有时甚至是言过其实。如果能明白这个例子,就可以理解为什么我们刚才说那些判断能够"反映判断者和被判断事物之间的关系",并且进而可以看出做判断时,劳累能够产生多大的影响。

　　战争中许多事物的使用限度并没有严格的界限,体力即为其中之一。正如弓箭手必须依靠强

甘古特会战

大的臂力才能引弓开弦,在战争中,指挥官必须依靠强大的意志才能更大程度地发挥军队的力量。

残兵败将在陷入灭顶之灾的时候奋力反击才能脱险,这种情况使人同情;指挥官调度士气如虹的新胜之师如臂使指,这种情况使人敬佩,因为与前者相比,做到这一点尤其困难。通过这两种情况,即使是毫无经验的人也可以看出,劳累是能够在暗中约束智力活动和情感力量的因素之一。我们原来所说的,是统帅和指挥官是否敢于要求部下吃苦,或者是否善于要求部下吃苦,此外,统帅和指挥官本人的劳累程度也是一个比较重要的问题。

劳累与危险一样,也是产生战争阻力的原因之一,而且没有什么衡量标准,所以在战争中,当人们说到它的时候,它总是被滥用。当某人遭到人身攻击的时候,提及他的弱点毫无用处,而当他成功击退敌人的时候,提到弱点反而能使他增光添彩;与此类同,虽然统帅或者军队遭到惨败的时候,提到所面临的困难、危险和劳累程度于事无补,但是当他们成功的时候,提到这些东西却能增加他们的荣誉。为了避免这种现象,或者说为了避免夸大战争中的阻力,我们应该运用一种与生俱来的能力,这也是一种层次更高的判断能力,它能使我们拒绝那些表面上看起来正确的结论。

第六章　战争中的情报

　　情报是我们了解敌人情况的材料，也是我们做出判断和采取行动的基础。然而这个基础是脆弱而多变的，所以在这个基础上建造的建筑——战争——并不稳固，甚至有危若累卵的危险，我们则有可能被倒塌下来的瓦砾压得粉身碎骨。

　　面对情报的时候，不能来者不拒，应该去伪存真，几乎所有的著作都这样说，但是这只是著作者的托词，因为他们找不到更好的说法。

　　战争中的情报有的是自相矛盾的，有的只有部分是真的，有的完全是假的，这就要求指挥官必须具有一定的识别能力，并且能够遵循概然性的规律。

彼得大帝

　　彼得大帝是查理十二的宿敌，也是著名的军事家、政治家、俄国历史上最为伟大的帝王。在位期间，为了使俄国赶上欧洲的发展进程，他大力推行改革，为俄国走向近代化做出了巨大的贡献。

　　当我们在指挥部拟定作战计划的时候，辨别情报的难度就相当大；当我们来到真正的战场的时候，面对变化不定的战局，情报更是如同雪花般飘来，在这种情况下，辨别情报的难度就更大了。如果这些情报只是互相矛盾，仅仅需要人们对之进行甄别，这就算是万幸，更为糟糕的情况是，因为胆怯而被虚假情报误导，从而夸大了情报的不真实性。一般来说，没有经验的指挥官往往容易这样做。

　　当传来的情报泥沙俱下的时候，人们通常倾向于相信坏消息，不愿相信好消息，而且还会对坏消息加以夸大。无论是出现还是消失，这些消息都像海浪一样悄无声息，指挥官必须像礁石一样，能够禁受得起海浪的冲击，才能坚守自己的信念。如果说某个指挥官天性悲观，没有经历过战争锻炼，也没有洞若观火的判断力，那么他只有一条路可走，就是强迫自己背离内心的真实想法，摆脱恐惧，向死而生。只有这样，他才能保持清醒的头脑。

　　就强烈程度而言，经过深思熟虑而产生的想法，远远比不上感性印象，所以指挥官在采取重要行动的时候，不得不打消许多随时都有可能出现的疑虑。常人心志不坚，容易受到别人的影响，往往不能当机立断，尤其是在他们看到实际情况与想象的情况有很大出入的时候。在看到实际情况的时候，即使是亲自拟定作战计划的人，也会怀疑作战计划的正确性。这时只有以坚定的自信心为武器，才能击退假象的进攻，当假象被击退之后，他的计划的正确性才能得到证实，这就是制定计划和实施计划的一个差别。

工作中的彼得大帝

彼得大帝身高达两米多，据说他是世界上最高的皇帝，虽然这一点是否属实难以肯定，但是从图中来看，他确实身高过人。

第七章　战争中的阻力

战争中的困难表现在哪里？统帅的天才和精神力量有什么作用？没有经历过战争的人根本无法理解这些问题。对他们来说，战争的一切都平平无奇，其中所包含的科学价值甚至还不如高等数学中最简单的问题。但是经历过战争之后，他们的这种想法就会发生变化。为什么会发生这种变化呢？这是一个难以说明的问题。

战争中的一切看似简单，但事实上即使最简单的事也是困难的，这些困难叠加在一起，就会形成战争中的阻力，没有经历过战争的人根本不会理解我们这里所说的阻力的意思。

比如有一个旅人想在天黑之前走完最后两站路，如果是在驿道上纵马疾驰，只需要四五个小时，但是当他到达第一站的时候，发现这里没有马或者没有好马，而且此时天色也渐渐黑了，前面又是山地。所以当他到达下一站的时候，就算落脚的地方简陋不堪，他也会感到心满意足。同样，在战争中由于预先无法完全考虑未来出现的情况，所以有时候战事的推进并不是很理想，难以达到预设的目标。

面对阻力的时候，只有意志刚强的人才能攻坚克难，一往无前，当然，这也会使军队遭到相应的损害。指挥官的意志，就像城市里街道汇集处的石碑一样，在军事活动中占据着十分重要的地位。关于这一点，我们在后面还要详细阐述。

在一定程度上，可以说阻力就是纸上谈兵与实际战争之间唯一的区别。构成军事活动的一切看起来容易，但是我们必须知道这些组成部分的最细小的因素都是人，每个人在各方面都面临着不同的阻力，所以在实际运用中，对这些组成部分的运用有相当大的困难。

比如一个营是通过军事纪律结合而成的整体，被公认为是勤勉之人的营长负责执行上级指令，那么整个营就应该像轴套围绕轴承运转一样，围绕着营长行动，以降低阻力。在理论中这种说法没有问题，但是事实并非如此，一旦战争爆发，这种说法中的泡沫就会暴露。原因如上所述：营是由人组成的，在某些情况下，一个营中，即使是最无关紧要的人，也会成为战争的阻力。此外，战争本身所具有的危险性，以及它要求人们必须承受的劳累，也会加大战争阻力。与机械不同的是，这些综合而成的阻力不会只集中在几个点上，而是会经常由偶然性引发，并随之产生一些根本无法预测的问题。比如天气变化，有时候浓雾会掩盖敌人的行踪，妨碍火炮的使用，也会妨碍我们与指挥官的联络；有时因为大雨，某个营会无法及时抵达会战地点。骑兵也因为道路泥泞无法及时出击。

视察海军基地的彼得大帝

　　彼得大帝对海军极为重视，1697年至1698年间，他向西欧派出了一个考察团，自己化名彼得·米哈伊洛夫混在其中，在荷兰的东印度公司当过一段时间的船长，还在英国的一个造船厂工作过，甚至还参加过英国议会举办的一次会议。

人在水中运动的时候，即使连走路时最为简单的动作也无法准确做到。同样，战争就像是在摩擦力非常大的媒介物质中运动，只用寻常的力量，连中等战绩都无法获得。坐而论道的理论家就像游泳教练，他可以在陆地上指导别人怎么游泳，但是在没有碰到水的时候，学泳之人往往觉得这些动作是荒诞的。尤其是那些连自己都不会游泳的教练，他们教给别人的，其实只是走路的动作，这当然是不切实际的，而且是愚昧的。

此外，战争中还有许多特殊的东西，就像一个暗礁密布的新海域。在暗夜中行船的时候，统帅无法用肉眼看到它们，只能凭借智力感知，但是如果此时突然发生对他不利的事件——比如遇到打头风，这时候就需要他利用卓越的才智和高超的技巧化解危机。然而对于在远处观看的人来说，这一切好像平平无奇。

作为一个优秀的指挥官，熟悉战争阻力是他必备的素质之一；当他的作战经验经常受到赞扬的时候，熟悉战争阻力，也应该包含在他的作战经验中。作为指挥官，必须能够知难而克难，因势而利导；知难而畏难的指挥官，绝不是优秀的指挥官。

在通常情况下，人们在理论方面并不能完全预测到战争阻力，即使可以预测，人们也往往缺乏随机应变的决断力。处理重大问题的时候，人们可以自我决断，也可以群策群力，但是处理小问题的时候往往不会如此，所以有时候处理烦琐的细小问题比处理重大问题更需要随机应变。长袖善舞的人之所以能使自己的言谈举止符合社交规范，只是因为对他们来说，随机应变已经成为一种习惯。同理，无论是处理大问题，还是处理琐碎问题，只有作战经验丰富的指挥官才能得心应手，游刃有余，能够在瞬间判断出可以采取什么行动，不可以采取什么行动，因此，他也能够掩藏其短——如果他总是暴露自己的短处，这就会影响别人的信任，这在战争中是极为危险的。

综上所述可以看出，阻力能增加处理问题的难度。后面我们还会继续讨论这个问题，到那时我们就会知道，除了经验和刚强的意志，统帅还需要一些其他的过人素质。

宴会上的彼得大帝

彼得大帝长袖善舞,喜欢社交,但是他脾气不好,时常发脾气,尤其是在饮酒过度的时候,往往会大发雷霆。

第八章 结束语

危险、劳累、情报、阻力,这些都是构成战争的因素,也是妨碍军事活动的媒介物质。有没有什么办法降低战争阻力呢? 的确有一个办法,也是唯一的办法,但是得到它并不容易,那就是军队的战争锻炼。

进行战争锻炼的时候,往往使人身心俱疲,但是通过它能使全军上下获得一种必备的宝贵品质,进而可以降低战争阻力,这种宝贵的品质就是沉着。

当人们进入黑暗的房间的时候,他们的瞳孔会扩大,在此情况下,双眼仅能吸收微弱的光线才

彼得大帝惩罚叛军

彼得大帝以治军严厉著称,这幅画记载的就是他惩罚叛军的场面。画面的最前方,两名谋反者的妻子被埋在土里;中间的绞刑架上挂满了尸体;最后方是即将被处决的士兵。

能看清周围的物体。经历过战争锻炼的士兵在战争中就是这样的,而没有经历过战争锻炼的士兵则是伸手不见五指。这种锻炼并不是统帅可以任意赐给部下的,虽然平时有军事演习,但是与实战相比,它的效果比较差。如果在平时的军事演习中,刻意注入一些阻力,以提升指挥官的综合素质——比如判断能力、思考能力等,那么这种军事演习的价值就会大一些,至少比没有实战经验的人所能想象到的价值大。对于没有经历过战争锻炼的人来说,当他们第一次在战争中看到那些令人畏惧的场面时,总是会手足无措,而如上所说的军事演习则可以避免这个问题,并且可以使人的身心同时得到锻炼,免受劳累之害——新兵的精力承受的压力太大的时候,他们往往将此归咎于指挥层的失误或者无能,因而会使士气更加低落,如果在平时的军事演习中有这方面的锻炼,就可以避免这个问题。

在平时获得战争锻炼还有一个虽然不经常用到但是很重要的办法,那就是聘请外籍军官。欧洲完全处于和平状态的时间很少,其他各洲也是如此,因此,相对而言,和平时期比较长的国家应该在战争频发的国家聘用军官,或者派遣本国军官去那里学习。在整个军队中,外籍军官和有经验的军官虽然人数不多,但是他们的作用很大,即使不能让他们担任领导,也应该在一些具体场合征询他们的意见。

名画《近卫军临刑的早晨》

如今看来，彼得大帝当年的改革为俄国的发展做出了巨大的贡献，但是在当时，这次史无前例的改革引发了巨大的阵痛，甚至遭到了俄国人的普遍抵抗。1698年，俄国近卫军发生兵变，正在访外的彼得大帝知道消息之后立刻回国，进行残酷镇压。在这幅画的右角，彼得大帝正坐在马上观看即将被处决的近卫军，他的身边是贵族和外国使节，背后是克里姆林宫的宫墙和绞刑架，占据画面大部分前景的，是近卫军的家属。

名画《1689年的索菲娅公主》

　　索菲娅公主是彼得大帝的姐姐，也是彼得大帝登基之前俄罗斯实际上的统治者。彼得大帝执政之后，她发动宫廷政变，企图反抗，但是政变被彼得大帝挫败，索菲娅本人则被囚禁于修道院。这幅画表现的是彼得大帝和索菲娅公主之间的对立，但是画家并没有直接表现这种敌对状态，而是借助修道院房中的花格窗，暗示出了索菲娅被幽禁的事实。在格子窗外有一个受绞刑的男子，这就说明索菲娅的同伙已被镇压。在这个封闭的空间结构中，画家以肖像式造型塑造索菲娅公主的形象，她就像笼中困兽，双手交叉在胸前，表现得愤怒无比。

第 二 篇

II

论战争理论

第一章　区分军事艺术

在广义上被称为战争的所有活动中,只有斗争最为有效,所以说战争的本义就是斗争,是敌我双方在精神上和物质上进行的一种较量。虽然精神力量是通过物质力量发挥作用,但是精神力量的作用不能因此而被忽视,因为它对军事活动有决定性的影响。

为了在斗争中占据有利地位,人们发明了一些东西,使斗争形式发生了一些变化,但是不论斗争形式发生什么变化,斗争的本质始终是不变的。

这些发明首先是武器装备,必须在战前就把它们制造好,并且应该让战士熟悉它们,掌握它们的用法。虽然武器装备的使用必须与斗争相符,但是武器装备本身只是斗争的准备,并不在斗争的概念范围之内,与斗争是两回事,因为赤手空拳的搏斗也是斗争。斗争决定武器装备,武器装备反过来改变斗争形式,这二者之间的作用是相互的。

俄土战争

17—19世纪,俄国与土耳其为了争夺高加索、巴尔干、克里米亚、黑海等地区而进行了一场旷日持久的战争,这场战争持续了200多年,平均不到19年就会发生一次大规模的战争,除了俄国和土耳其,涉入其中的国家还有奥地利、英国、法国等国,战争的结果是俄罗斯扩大了领土,土耳其逐渐衰落。

俄土战争时期即将参战的俄国将士

　　由图中的景物来看，此时正当冬季，俄国地处高纬地带，一年中冬季漫长，所以在冬季作战期间，与其他国家的军队相比，俄军多多少少会占据一定的优势，比如查理十二和拿破仑在远征俄国的战争中之所以遭到惨败，很重要的一个原因就是受到了俄国漫长的冬季的影响。此外，在图中我们还可以看到每个俄国士兵都背着一个行囊，里面装的是给养物资。在克劳塞维茨的战争理论中，给养物资是很重要的一部分，尤其是在急行军或者需要轻装疾行、对敌军发动突袭的时候，每个士兵都需要随身携带给养物资。

　　军事艺术有狭义和广义之分，前者指的是在斗争中运用作战手段的艺术，后者指的是斗争以及一切为了斗争而存在的活动，比如征兵、战备资源、军事操练等。

　　作为一种时刻有危险相随的活动，斗争是一种非常独特的活动，所以我们有必要对战争艺术进行区分。众所周知，在某一领域的才智之士，在别的领域往往是无用之人。明白了这一点，就可以明白我们区分战争艺术的用意。如果把装备好的军队当成一种作战手段，只要了解它的效用即可投入使用，那么区分这两种军事艺术时就不会有太大的困难。

　　理论对于现实的意义有多大呢？从这一点来说，区分这两种军事艺术也是很有必要的。显而易见：如果组建军队是谈论军事艺术的起点，制定战术也必须以所建军队的特点为依据，那么这种军事艺术只能在少数场合下使用，也就是说，只有在现有军队恰恰与这种军事艺术所规定的军队使用标准相一致的时候才能使用。但是，如果我们所需要的是一种具有普适意义的军事艺术，那么这种理论就必须只能以常规作战手段及其效用为依据。由此可见，所谓的作战手段就是进行作战部署，并且能够进行斗争。然而，如同我们在第一篇第一章中指出的那样，斗争是由许多独立而比较完整的单位——战斗——组成的，所以这就产生了两种完全不同的活动，即部署战斗和进行战斗，以及通过部署战斗和进行战斗达到作战目的。前者是战术，后者是战略。

　　如今，作战方法几乎已经普遍地被区分为战术和战略。虽然有的人不清楚这样做的理由，但是他们也知道什么应该被归为战术，什么应该被归为战略。这就说明，这样做必定有内在的道理，而且这种区分也为我们说明了这种内在的道理是什么。

按照我们的划分方式,战术指的是如何在战斗中使用军队,而战略指的是如何运用战斗达到战争目的。那么,单独的战斗的概念是什么? 根据什么条件来确定单独的战斗的概念? 在后面详细地谈到战斗时,我们才能把这些问题说清楚。现在我们只能说明的是,从空间的角度来说,在同时进行的几个战斗中,某个指挥官的命令的有效范围,就是单独的战斗;从时间的角度来说,在连续进行的几次战斗中,一次战斗的终结应该以战斗危机完全消失为标志。当然,有时候会出现一些界限不明的情况,比如有时若干个战斗也可以被当成一个战斗,但是不能因此而否定我们做出如上区分的理由,因为一切事物的类别的形成都是循序渐进的,所以,在我们的观点不变的条件下,有一些活动可以同时被归入战术或者战略,比如疏散、部署军队,构造警戒线,或者进行渡河部署等。

我们对军事艺术所作的区分,仅仅与如何使用军队有关。在战争中,有许多活动为使用军队服务,但是与使用军队也有区别,与使用军队的关系时密时疏,但是它们都与维持军队有关。维持军队是使用军队的前期,就好像组建军队和训练军队是使用军队的前提。如果仔细考察,我们就会发现,维持军队的活动只是一种斗争准备,所以我们有不把这些活动归入狭义军事艺术的理由。谁会把这些活动当成在斗争中运用作战手段的艺术呢? 虽然它们与使用军队之间的作用是相互的,但是这二者在本质上是不同的。

我们在之前说过,在战争中,战斗是唯一有效的活动,也是其他一切活动的汇集点,掌握了战斗,就等于掌握了其他一切活动的线索。也就是说,在战争中,战斗是其他一切活动的目的,不过其他活动是按照自身规律达到目的。

关于这一点,我们必须详细谈谈。

在战争中,战斗之外的其他活动的性质大为不同,有的属于斗争本身,同时也为维持军队服务;有的活动主要是为了维持军队,但是因为它们与斗争之间有相互作用,所以也能够对斗争产生一定的影响。

既属于斗争本身,又能为维持军队服务的活动为行军、露营和舍营,这是军队的三种不同状态,而且军队在哪里,哪里就有可能发生战斗;仅仅与维持军队有关的是给养、救护伤员和武备补充。

行军分为两种,即战斗内的行军和战斗外的行军,比如军队在发动冲锋前所进行的战线推进,就是战斗内的行军,而战斗外的行军则是为了实施战略决定,比如战略决定指出将在何时何地进行战斗,以及应该投入多少兵力,而行军则是实施这种决定的唯一的战略性的手段,它不仅属于战略,也属于战术,因为行军过程中随时都有可能发生战斗。

当我们命令一支队伍在山脉或者河流的某一侧行军时,这是战略决定,因为我们下达这个命令的时候有一个预设的前提:行军途中可能会发生战斗,如果战斗爆发,在我们指定的这一侧作战对我们有利。当一支军队不是沿着谷底行军,而是在谷底旁边的高地上行军的时候,在这种情况下,为了便于行军,就必须将这支军队分成不同的纵队,这是战术决定,因为这些决定与发生战斗时如何使用军队有关。

无论什么时候,部署行军都与战斗的准备有密切的关系,因为它针对的是可能发生的战斗,所以它具有战术性质。从战略意义上来说,行军是一种部署战斗的手段,它针对的只是战斗结果而不是接战过程,所以人们在进行研究的时候,经常将行军与战斗替换使用。比如有时候人们说某些巧妙的行军具有决定性的意义,实际上指的则是行军的结果——战斗。这种概念上的替换是顺理成章的,表述方式上的简化也是有据可依的,所以不必对此大惊小怪,或者加以拒绝。但是需要说明的是,这种替换毕竟只是概念上的,战略和战术终究是两种不同的东西。有的人只是通过机动化的行军,而不经过战斗就达到了目的,所以他们因此说有一种不必经过战斗就能战胜敌人的方法。这种说法的错误和由此引起的后果,我们将在以后说到。

虽然行军是斗争的一部分,但是行军过程中的有些活动是游离于斗争之外的,它们既不属于战术,也不属于战略,比如逢山开路、遇水搭桥等。有时候,这些活动与使用军队相近,甚至是相同的,比如在敌军的火力范围内架桥,但是它们与使用军队还是有所不同,所以我们没有把与它们有关的理论列入作战理论。

与舍营相比,露营是更为集中也更有利于进行作战准备的一种驻军方式。在露营的时候,军队处于休息的静止状态,然而这也是一种便于随时作战的战略决定,因为我们可以通过布置营地的方式,使军队具备作战形态——进行防御性的战斗。所以,露营既属于战略,也属于战术。

与露营相比,舍营能使军队休息得更好。与露营一样,它既属于战略,也属于战术。

无论是露营还是舍营,它们的目的有时候只是为了休息,有时候也是为了掩护某个地区,或者是为了守卫某个阵地。由此可知,战略目的有时候是多种多样的,因为对于战略有利的,往往都可以称为战斗目的,而维持军队,则必然会成为战略目的之一。当战略目的是为了维持军队的时候,

被俄军攻占的土耳其要塞

在战争中,如何构筑要塞是一个复杂的问题,其中涉及的因素很多,比如要塞的位置、分布状况、经济水平、交通状况等。关于这个问题,克劳塞维茨在本书中有详尽的叙述。

我们应该关注的问题,依然是如何使用军队,因为在战区内的任何地方,对军队进行任何调度,都是在使用军队。然而在露营或者舍营时,为了维持军队而做的一些杂务既不属于战术,也不属于战略,比如进行清洁、修建茅屋等。

在那些仅仅是为了维持军队,但是与战斗没有任何相同之处的活动中,只有军队给养与战斗的关系比较密切,因为军队中的每个人每天都需要给养,所以在战略层面上,给养对军事活动的影响比较大。因为受到给养的影响,单个战斗的后果有时候甚至能够影响整个计划,所以我们说给养对军事活动的影响是战略层面上的。但是不管这种影响发生的频率和它所具有的意义有多大,从本质上来说,给养的供应和使用军队是不同的活动,它只是通过供应的结果对如何使用军队产生影响。

至于救护伤亡人员虽然对军队的整体健康很重要,但是与此发生直接关系的只是一小部分人,它对其他人的影响只是间接的。此外,还有武备力量的补充,在能供应常规用量的前提下,只需要定期对之进行补充就可以,在制订战略计划的时候,它往往只是在少数情况下才被注意到。但是有时候这些活动也能产生举足轻重的作用,比如医院和弹药库与军队之间的距离,有时候是制订战略计划的唯一依据,我们并不想否认这一点,更无意掩饰。但是我们在这里不想谈论这种罕见的个别情况,所以不能说与救亡伤亡和补充武备有关的理论和作战理论同等重要,也就是说,没有把它们列入作战理论的必要。

接下来我们谈一谈应该得出的结论。

属于战争的活动可以分为两类:一类是战争准备活动,一类指的是战争本身。与此相关的理论也应该分门别类。

与前者相关的理论,是为了组建军队、训练军队和维持军队,比如一些基本战术、如何管理军队、如何筑城等,都属于前者。与后者相关的理论,则指的是如何用已经熟练的手段达到作战目的,它只需要经由前者而得出的结论,或者说它需要的只是由前者而推导出的结果,这就是我们所说的狭义的军事艺术,也可以称为战争理论。这种理论把战斗当成真正的斗争来研究,至于行军、露营和舍营,它们能够成为研究对象,只是因为它们被当成了一种多多少少与斗争有关的军队状态。然而,军队的给养并不在这种理论的研究范围之内,因为这种理论只研究它们的结果。

狭义的军事艺术可以分为两种,即战术与战略。前者研究的是战斗方式,后者研究的是战斗的意义。行军、露营和舍营只是因为与战斗有关,才得以与战略和战术产生关联。在具体情况中,应该将它们归为战术还是战略,这得看它们与战斗方式有关,还是与战斗意义有关。可能有的读者会认为没有对战略和战术进行细致区分的必要,因为这二者是相似的,而且对作战也没有什么直接的作用,但是我们要说的是,任何理论给人的初次印象都是杂乱概念的集合,只有澄清这些概念,对之形成共同的理解,才能势如破竹地研究问题,只有墨守成规的书呆子才会坚持必须以理论指导现实。

战术与战略是在时空上互相交错,但是性质有很大区别的两种活动,如果不能明确它们的概念,就不可能对它们的内在规律和相互联系洞若观火。

被俄军俘获的土耳其军官

第二章　关于战争理论

军事艺术在最初只是被理解为一种准备活动

军事艺术仅仅是与物质有关的知识技能的总和,人们曾经这样理解军事艺术。所谓知识技能的总和,指的是武器的制造和使用、战争工事的建造、军队的组织状况,以及军事行动的规划等。所有的这一切,都是为了建立一支可以投入战场的军队。人们在这里关注的仅仅是物质材料,从本质上来说,这只是一种从手工业向机械技术的过渡。如同铸剑技术与击剑技术的关系,人们以往所理解的军事艺术与斗争本身之间的关系也是如此。也就是说,这种军事艺术理论不够完善,比如在危险的时刻双方如何使用军队,以及智力和勇气如何发挥作用等问题,这种理论中都没有提及。

在攻城术中第一次谈到作战方法

如何展开斗争? 在接下来即将谈论攻城战术的时候,我们将首次谈到这个问题。我们在这里所说的如何展开斗争,指的就是利用智力活动运用以上所说的种种物质。在攻城战中,智力活动主要体现在一些物质对象上,比如接近壕、平行壕、反接近壕、炮台等。在此过程中,智力活动的轨迹始终是以这些物质对象为标志的,或者说,智力活动是将这些物质对象串联起来的一条纽带。由于在攻城战中,智力活动几乎都表现在这种物质对象上,所以关于攻城战的讨论可以至此告一段落。

战术在这方面也有涉及

有的人企图按照军队的特性制定一些纲目,也就是说按照军队特性为军队的常规部署制定一些机械性的规定,虽然这已经涉及到了战场活动,但它所说的并不是智力的自由活动,而是企图通过军队编制和战斗队形,使军队成为一种像钟表那样的机器。

俄土战争期间，离开亲人即将上前线的俄军士兵。

正在厮杀的俄军士兵和土耳其士兵

谈到别的问题才能涉及到真正的作战方法

人们曾经认为真正的作战方法只能通过使用天赋,因地制宜地利用已经准备好的某些手段,所以作战方法不可能成为理论研究的对象。在中世纪,战争往往没有规则而且比较简单,随着作战形式逐渐向有规则和比较复杂的形式过渡,人们的看法发生了一些改变,但是只是在有些回忆录或者故事里谈到别的问题时一笔带过。

对战争事件看法的变化产生了建立理论的要求

对军事艺术的看法增多,对研究历史的批判越来越多,就意味着人们必须制定一些原则来解决研究战史时产生的众多争执。因为没有中心也没有准则的争论,必然是人们所厌恶的。

确立教条的努力

在上述背景下,人们开始努力为战争制定一些准则和体系。他们的想法是明确的,但是他们没有考虑在此过程中将面临的各种困难。如前所述,与作战有关的一切几乎都没有固定的界限,但是建立任何一种理论体系时,却都带有一定的局限性,这就使理论和实践之间永远存在无法消除的矛盾。

局限于物质对象

有的理论家意识到了这方面的困难，认为只需要把自己的理论体系建立在物质对象上，就可以使困难迎刃而解。他们只想通过研究可以量化的东西，进而得出僵化的结论。

兵力优势

兵力优势是一个物质方面的问题。在对胜利具有决定性意义的要素中，有的理论家将它作为研究对象，是因为通过时间上和空间上的计算，可以将它归入数学法则。在他们看来，对于敌对双方来说，其他因素都是可以互相抵消的，也是相同的，因此可以不必考虑。如果是为了搞清楚兵力因素的作用偶尔为之，这种做法情有可原，但是如果总是如此，奉兵力优势为圭臬，认为在一定的时间和一定的地点在兵力上占据优势，就是军事艺术的精髓，这就是脱离实际的纸上谈兵。

给养

有的人企图从给养这种物质因素入手建立理论体系，认为给养对于大规模作战具有决定性的意义。由此切入虽然可以得到某些肯定的数值，但是这些数值往往是以臆想为依据，缺乏现实性的土壤。

俄土战争

基地

有的人企图用基地这个概念来研究军事艺术，也就是说，把给养、兵员、武备、交通线路以及撤退路线都归纳在基地这个概念里，然后用一种几何角度来衡量基地的大小。但是这样做只是为了迎合纯粹的几何学的需要，毫无实际意义。

内线

作为一种与基地原则针锋相对的几何性的军事艺术理论，内线原则也曾占据过主导地位。这个原则建立在真理上，即建立在"战斗是战争中唯一有效的手段"这个基础上，但是由于它的性质仍然是纯粹的几何性质的，所以它在实际战争中的作用是有限的。

对上述理论的批驳

统观上述理论可以看出，在探索真理这一方面，能被称为进步的部分，只是它们在研究过程中

阵地上的俄军

图中的俄军阵地建造在一个制高点上，从阵地上可以俯瞰土耳其军队的动向，在战争中，能够占据制高点对一支军队来说是极为重要的，而且，这个阵地的左侧是一个高大的山地，按照克劳塞维茨的理论，这样的山地能够起到很好的掩护作用，可以防止敌军发动迂回。

的某些细则,至于它们的结论则毫无用处。这些理论追求的是绝对的结果,但是战争中的一切都处于变动之中,在推导理论时可以作为依据的只是一些变动不居的数值。而且这些理论考虑的都是物质,而没有考虑精神力量的作用。此外,它们考虑的只是单方面的活动,而没有意识到战争是一种彼此互相发生作用的过程。

这些理论把天才排斥在规则之外

对于无法解决的问题,上面所说的那些干瘪枯燥的理论把它们全都归到科学研究的范围之外,或者说把它们归结到了与天才有关的领域。但是天才对它们嗤之以鼻,认为这些东西一无是处,并且认为抱着这些干瘪枯燥理论的军人都是可怜虫。事实上,这些天才所践行的就是最好的规则,我们所能归纳的最好的理论,就是说明天才的做法,以及他们这样做的原因。与天才相比,那些干瘪枯燥的理论是多么可怜,即使它们摆出谦虚恭敬的姿态,也无法消除它们与天才之间的矛盾,而且它们的姿态越低,就会受到越多的嘲讽,也会越来越被排斥在实际情况之外。

理论一:研究精神因素,难免遇到困难

理论一旦与精神因素接触,困难就会随之增多。比如在建筑艺术和绘画艺术领域,当理论与物质产生关联时,问题并不是很大,比如在建筑结构的力学方面和画面构图的光线方面,一般不会有太大的争论。但是一旦涉及到创造主体的精神作用,理论法则的作用就难以完全说明。再比如医学研究的只是生理现象,因为生理现象处于变动之中,所以研究医学的困难向来比较大,如果再加上精神因素的作用,则更是难上加难。

在战争中不能排斥精神因素

军事活动不仅与物质因素有关,而且也与能够赋予物质生命力的精神力量有关,这种精神力量只能用内心体会,每个人的内心都是不同的,而且同一个人的内心也是在时刻变化的。危险之于战争如影之随形,在战争中,勇气对判断力有非常重要的影响,就好像所有的东西必须通过视觉才能进入大脑,战场上的一切都得通过勇气才能对判断力产生效用,因此说精神力量在战争中具有一定的客观价值。

奇袭、攻击侧翼、从背后发动攻击所能产生的精神作用很重要;出现败退迹象的敌军士气比较低;追击和被追击时的精神状态截然相反;根据对方的声望、才能和资历推断对方的行为,进而采取相对应的措施;必须注意敌军的士气状况——所有人都知道这些。它们以及与它们类似的事物所能产生的精神作用,都已经得到了实践的证明,所以我们可以确认它们的存在性。如果忽视这些因素,理论还有什么作用呢?

建立作战理论的主要困难

为了弄明白建立作战理论的困难，并且根据这些困难找出作战理论必须具备的特质，接下来我们将要探究军事活动的主要特点。

第一个特点是精神力量，其中之一是敌对感情。

战争是敌对感情的外化，在战争中，它的表现形式是敌对意图。虽然个体之间通常没有敌对感情，但是在战争中，民族之间的仇恨往往能够代替个体之间的敌视感。退而言之，即使没有民族仇恨，战争初期也没有视若寇仇的仇恨，但是随着战争的发展，敌对感情也会慢慢出现，这是因为对我们使用暴力的人都是奉上级指示，在我们对敌人的上级进行报复之前，必定会对直接面对的敌人进行反击。从理论上来说，人们通常把战争看成没有任何感情因素在内的抽象力量的较量，其实这就是有意忽视感情因素而犯下的错误之一。

除了民族仇恨，在战争中发挥作用的还有其他的感情，比如功利心、统治欲以及其他感情等。

精神力量之二是勇气。鸟翔于空，鱼游于水，战争则必须在危险中进行。既然有危险，那么它就会通过本能或者理智对人产生作用。如果是通过本能产生作用，人就会趋利避害，如果避无可避，则会产生恐惧，如果没有恐惧心理，则是因为他们有勇气。需要说明的是，勇气并不是理智，它和恐惧一样，只是一种感情，或者说是一种高级本能，但是产生恐惧是因为害怕受到肉体伤害，产生勇气则是为了维护精神尊严。

基于敌对意图和危险而产生的情感是战争中特有的，但这并不是说其他情感与战争没有关系。事实上，它们在战争中的作用是不容小视的。在战争中，对于某些职位低的指挥官来说，他们的某些感情被抹杀了，因为他们面临的威胁和劳累是持续性的，在这种形势下，他们对生活中的其他事情无暇顾及，只好抛弃一些可有可无的情感，所以他们简单的性格往往被视为军人的标志。但是职位高的指挥官不同，因为需要他们考虑和关注的问题比较多，能够给情感活动提供相应的空间，其中好坏杂陈，比如仁厚与嫉妒、谦逊与傲慢、温和与暴躁等，在战争中，这些情感力量都能发挥相应的作用。

除了感情因素，指挥官的智力也会发挥很大的作用，一个耽溺于幻想，而且狂热幼稚的指挥官，与一个冷静而务实的指挥官的所作所为显然是不一样的。智力有高低之分，概然性也能发挥巨大的作用，所以达到目的的手段也是多种多样的。一般来说，智力因素所能发挥的作用主要表现在职位较高的人身上，而且职位越高，智力所能发挥的作用就越大。

第二个特点是机变。这个特点包括在精神力量之内，把它作为研究对象必定困难重重，所以我们在这里不谈论计算机变能力的难处，我们想说的只是机变能力与作战计划是不相容的。对于任何一种理论来说，它的依据只是一些普遍性的现象，而不是特殊情况，一旦出现特殊情况，就得依靠决断能力和自身才智去处理。在军事行动中，根据一般情况制订的行动计划，往往会被突发

路易十四

除了俄土战争，18世纪的欧洲还发生了一场规模浩大的战争，即西班牙王位继承战。参战方除了以路易十四为首的波旁王室和奥地利的哈布斯堡王室，被卷入其中的还有英、荷等国。从深层来看，这次战争是欧洲列强利用王位继承问题而进行的一场规模空前的殖民地大掠夺，并且主要斗争矛头都指向的是法国。

事件打乱，所以与其他类型的人类活动相比，军事活动需要更多地依靠决断能力和才智。

第三个特点是所有的情况都是不确定的。在战争中，一切行动都仿佛在幽暗昏惑的光线下进行，由于无法对看到的一切了若指掌，只能依靠才能推测，或者依靠幸运女神的垂青。

综上所述可以看出，如果像建立一座能使指挥官有立足点的脚手架那样建立军事艺术理论，无异于缘木求鱼。即使勉强为之，能够以才智为依恃的指挥官也会对它弃若敝屣，甚至与它水火不容。

那么建立军事理论的途径是什么呢？这样的途径有两条。

首先，我们从一般性的意义上通过研究军事活动的特点而得出的结论，并不是对所有的人都是通用的。职位低的人接触的事物有限，追求的目的比较小，为达目的而使用的手段比较少，了解的情况有限，所以他们在运用智力的时候，遇到的困难比较小，对于职位低的人来说，他们更需要的是自我牺牲的勇气。反之，职位越高的人遇到的困难就越大，因此，地位最高的统帅面临的困难最大，而解决这些困难，必须依靠天赋。即使从军事活动自身来说，它面临的困难也是不一样的，比如军事活动的效果表现于物质领域时困难较小，表现在精神领域时则困难较大。所以说，建立战术理论比较容易，建立战略理论则比较难。因为战术是通过兵员和武器发挥作用，虽然其中有精神因素，但是占据主导地位的是物质。

其次，理论不是一潭死水，不必非得是对某些行动的硬性规定。

如果某种活动的具体表现形式虽然变化多端，但是它们始终与同一类事物发生关联，那么我们就可以把它们看成理论考察的目标。所谓的考察就是对事物进行分析，进而使人们形成明晰的认识。人们通过理论对外物的了解越多，能将客观知识转化为主观能动性的能力就越高，并且能够越来越有利于发挥才能。

如果有一种理论能够研究构成战争的各个要素，能够清楚地区别模棱两可的事物，能够全方位地说明某种手段的特质，能够明确作战目标的本质，能够辩证性地阐明与战争有关的所有问题，那么这种理论就完成了自己的主要任务。对于那些希望通过课本学习战争知识的人来说，这样的理论就是他们的指南针，能够使他们在正确的道路上不断前进，而不会误入歧途。

同样面对的是一个问题，耗费半生心血从事研究的人，显然比那些研究时间很短的人有更深的了解。建立理论的目的，是为了给别人奠定基础，不必使他们从头开始研究。在未来，战争理论应该着重培养指挥官的智力，使他们能够自我精进，而不是让他们被理论缚住手脚，就像名师应该致力于提升学生的智力，而不是一辈子都当学生的领路人。如果理论研究和真理能够自然而然地凝结成规则，那么理论和智力的关系不但不是对立的，而且还会对智力产生铺垫作用。能够做到这一点，是因为这种理论和人们的思维逻辑是一致的，它能够突出许多线索的汇集点，也就是说，由这种理论而推导出的规则，能够在我们思考时提供一些基本线索。

结合上述两点，我们才有可能得出一种切合实际的作战理论。有时候会出现一些理论与现实完全脱节的现象，这主要是因为理论的不合理性使理论与理智之间产生了冲突，但是那些智力低下的人却往往会以这种理论作为挡箭牌，来掩饰他们的愚拙。从这个角度来说，建立军事理论必

布伦汉姆战役中的英军

布伦汉姆战役发生于1704年，是西班牙王位继承战中的一次重要战役。当时，由马尔博罗公爵指挥的英、荷、奥联军在布伦汉姆击败了法国和巴伐利亚联军，打破了法军百战百胜的神话，也决定了西班牙王位继承战的大势。

须考察战术意义上和战略意义上的目的和手段。

在战术意义上，手段指的就是经过训练的军队，目的指的是胜利。关于胜利的概念，我们后续再议，在此暂时把敌人退出战场作为胜利的标志。战斗的目的由战略规定，敌人退出战场，即意味着达到目的，这种目的也是战斗的意义所在。

战斗目的不同，结果自然也不相同，比如以歼击敌军为目的的胜利与占领敌军阵地为目的的胜利是不同的。由此可见，战斗意义能够对战斗的组织和实施产生显著的影响，所以应该把它作为战术的研究对象。

从战术角度来说，使用军队时，有很多必备条件，这些条件就是地形、时机和天候。

地形有地区和地貌之分。如果战斗是在一望无垠的荒原上进行，地形对战斗的影响就是微乎其微的，但是这种情况往往出现在草原地带，在欧洲的文明地区这几乎只是一种空想。

时间有昼夜之分，每一次战斗都有一定的持续时间，有些大规模的战斗甚至会持续许多个小时，所以昼夜之分对战争的影响是比较大的。对于一次大会战来说，战斗从清晨开始还是从下午开始，区别是很大的。

天候有时候会对战斗产生决定性的影响，虽然这种情况很少见，通常情况下，只有浓雾天气会产生一定的影响。

西班牙王位继承战期间，法军与奥地利军队登陆意大利。

战略目的和战略手段

从战略意义上说，运用战术获得的成果是手段，使双方媾和是目的。在战略上运用手段达到目的的时候，同样也有一些必备条件。这些条件包括：地形，包括地区和地貌，但是这里所说的地区应该被理解为整个战区的土地和人民；时间，这里的时间应该被扩大为季节；天候，这里指的是气候酷寒等特殊现象。

通过将这些条件和战斗结合在一起，使战斗产生了特殊的意义，或者说使战斗具有了特殊的目的。如果这些目的无法直接促成媾和，那么就只能把它当成一种手段，意义不同的各种胜利都可以被当成战略手段，比如占领敌军阵地就是一种与地形相结合的战斗成果。具有特定目的的单次战斗可以被看成一种手段，为了共同的目的而进行的一系列战斗，也可以被看成一种手段，比如和季节结合在一起的冬季战局就是一个例子。所以，只有能够直接促成媾和的因素才可以被当成作战目的，战争理论应该探讨的就是这些目的和手段之间的关系。

两个问题

第一个问题：战争理论探讨的目的和手段，怎么才能通过战略毫无遗漏地列举出来？

如果按照哲学方法推导出一个结论，我们就会举步维艰，因为这样做的话，我们无法从逻辑上得出战斗和作战理论之间的必然性，所以我们只能通过运用经验，对战争史中的战例进行研究，这种方法的好处，是能够使理论联系实际，不会使人陷入毫无意义的思考。虽然用这种方法得出的结论有一定的局限性，只适用于与战例相同的情况，但是这种局限性是无法避免的，因为在任何情况下，理论都是对战争史或者战例的一种抽象概括。

第二个问题：战争理论对手段的分析应该以什么程度为准？

答案是很明显的，只需要知道这些手段的使用特性就可以了。在战术方面，明了武器的效用至关重要，虽然效用是由构造决定的，但是我们不必知道它们的构造，因为作战不是用炭粉、硝石和硫黄制造火药，也不是用金属制造火炮，而是运用现成的武器。在战略方面，只需要使用现成的地图，而不需要研究三角测量；要取得辉煌的战果，并不需要知道怎么建设国家、怎么管理居民，只需要了解欧洲各国在这方面的现状，因为各国在这方面的不同能对战争产生显著的影响。

以这两个问题为依据，即可看出进行理论研究的对象和所需的作战知识显然减少了。正式投入战争之前，经过装备的军队和即将进行的军事活动所必需的知识和技能，必须被压缩为几个主要的结论，这才是统帅必须熟悉的东西。这也可以说明为什么伟大的统帅总是进步神速，以及为什么统帅不是学者。当然，这也是我们的研究所能得出的必然的结论，如果得出的是其他的结论，只能说明我们的研究是不正确的。为什么有些职位较高的指挥官却从来没有接触过军事活动，甚至能够成为统帅？为什么那些知识渊博的指挥官往往不能成为杰出的统帅，反而是那些没有大量的相关知识的人反而能成为杰出的统帅？上述结论也可以回答这两个问题。所以那些认为培养统帅必须从小做起，或者说那些认为从小做起对培养统帅有益的人，向来被讥讽为书虫。之所以如此，是因为人的智力是由他们所接受的知识和思想培养起来的，了解琐碎的细节对于统帅来说是有害的。与大略有关的知识和思想能使人成为栋梁之材；如果对与旁枝末节有关的知识和思想全盘接受，则只能使人略有小才而已。

人们曾经没有意识到战争中所需的知识是简单的。在战争中，服务于战争的辅助性活动需要大量的知识，人们曾经将这些知识与战争中所需的简单的知识混为一谈，所以出现谬误的时候，他们只好归咎于天才，认为这些理论不是为天才建立的，因为天才不需要理论，有的人因此进而否定知识的作用。

有些依据天赋为行事依据的人认为天才与学者之间的区别判若云泥，他们对理论嗤之以鼻，认为作战完全取决于个人天赋。虽然这种人比那些相信错误的知识的人好一些，但是他们的看法也不符合事实，因为一定程度的知识是进行智力活动的基础，而且这些知识不是先天的，而是后天积累的。

那么，我们在战争中需要的是什么知识呢？无疑，我们需要的是能够直接处理问题的知识。职位不同的指挥官需要的知识是不同的，一般而言，职位较低的指挥官需要的是有限而具体的知

路易十四的家族

　　路易十四是法国历史上功勋最为卓著的皇帝之一，但是他也有很大的缺点，比如穷奢极欲、穷兵黩武。路易十四自号"太阳王"，喜欢以太阳神自居，图中的路易十四就是太阳神的装扮，围绕在他四周的是打扮成各种神仙的王室成员，最左边的是王后玛利亚，他们的装扮就是路易十四时代浮华风尚的写照：无论男女都戴假发，涂脂抹粉。

识，职位较高的指挥官需要的则是涵盖面比较广但是概括性也比较高的知识。

　　战争中所需的知识虽然很简单，但是运用起来很难。我们之前说过战争中的困难，其中有些可以凭借勇气解决，有的可以凭借智力解决，此处不谈论前者，只讨论后者。

　　我们认为，只有对于职位较低的人来说运用智力是简单的活动，随着职位的提升，运用智力的难度就会随之增大——显然，统帅运用智力的难度最大。虽然统帅不必是学富五车的历史学家、政论家，但他必须对国家大事、传统的施政方针、如今的局势、当权者的特点等了如指掌；虽然不必对部下的了解面面俱到，但是身为统帅，应该了解他们的性格、思考方式、习惯等；虽然统帅不必知道车辆的构造和火炮的运用，但是他必须能够比较正确地推断出一支队伍在不同情况下的行军状况。这些知识只能从实际生活中获得，依靠机械化的数学运算来获取无异于水中捞月。对于职位高的指挥官来说，他们可以在思考和研究中依靠天赋去获得所需知识，也可以在具体实践中来获取知识。

　　接下来我们将要谈到一个至关重要的问题：怎么将知识转化为能力？将知识转化为能力，意味着能够举一反三,对客观的知识融会贯通,使其变成自己的东西。在其他的人类活动中,即使在临用之际发现所学知识已被遗忘,仍然可以在尘封已久的书本中找回,甚至每天需要用到的知识,也可以是独立的,比如建筑师计算一个石基的负重性能时所用到的数学定律并不是他自己的创造,或者说即使在运用这种定律进行计算的时候,他也不需要知道为什么要用这种定律,只需要知道用它进行计算是对的。但是在战争中并非如此,在战争中,人们的精神状态和客观条件在不停地变化,这就要求指挥官必须对所学知识融会贯通,进而使思想与实践融为一体,将它们转化为真正的能力。

通过上述研究,我们即可明确作战理论需要承担的任务以及完成这些任务的方法。我们此前曾经把作战方法区分为战术和战略,并且指出建立与战略有关的理论难度较大,因为战术涉及的问题是有限的,而在战略意义上,可以达到作战目的的手段是无穷无尽的。因为需要考虑作战目的的是统帅,所以在战略理论中,建立与统帅相关的理论难度比较大。从这个角度来说,与战术理论相比,战略理论应该是对相关事物的综合考察,并且能够帮助统帅认识事物,一旦这种认识与统帅的思想体系融为一体,就能增加他在采取行动时的把握,并且能够使他的行动更加顺利。

西里西亚战争期间,腓特烈大帝视察阵地。

18世纪中期,神圣罗马帝国皇帝查理六世去世,传位给长女玛利亚,欧洲列强拒绝承认玛利亚的继承权,腓特烈大帝率先发难,突袭西里西亚,由此掀起了旷日持久的西里西亚战争。

第三章 军事技术或军事科学

科学的目的是探讨知识，技术的目的是培养能力。对于军事而言，应当称其为军事科学或是军事技术，目前仍然没有定论。我们曾经说过，知识与技术是两种不同的事物，但是将掌握某种技术所需要的知识称为技术理论（或者称为技术），已经成为人们的一种惯常做法。不言而喻，任何理论中都包含着某些科学，而任何科学中也不可能不包含技术。虽然从宏观角度来看，科学与技术之间的差别是很明显的，但是具体到每一个人身上，这种差别就是微乎其微的。

我们再次重申一遍：属于技术领域的东西都是以创作和制造为目的，属于科学领域的东西都是以研究和求知为目的。由此可见，军事技术这个概念比军事科学更为恰当，但是我们认为军事既不是单纯的技术，也不是单纯的科学。正是因为没有意识到这一点，所以人们曾经简单地将军事等同于某种技术，或者等同于某种科学。虽然有的人认识到了这一点，但是他们又将军事当成了一种手艺，当然，这种说法也是弊大于利，因为手艺只是一种比较低级的技术，它只服从于某些固定而狭隘的规律。事实上，军事技术在历史上的某个时期的确带有手艺的性质，那就是在雇佣兵大行其道的时期，但是产生这种状况并不是因为军事本身，而是由外部的社会原因造成的。

作为人类交往的一种方式，我们认为战争不单单属于技术领域，也不单单属于科学领域，而是属于社会生活领域，是一种通过流血的手段来进行的利害关系的冲突，这也是它与其他冲突的不同之处。我们知道，贸易也是利害关系的冲突，所以战争与贸易有些类似，但是与战争更为接近的是同样与贸易有些相似的政治，或者说政治可以被看成一种大规模的贸易，不仅如此，战争也是脱胎于政治，它的轮廓也是在政治中形成，好像生物的属性形成于胚胎阶段。

作为一种精神活动，战争与技术的区别在于，战争处理的对象是精神意志，而技术处理的对象是无生命的物体；虽然艺术处理的对象也是精神意志，但是这种精神意志是受人摆布的，而战争处理的对象具有主观能动性。由此可以看出，研究技术或者科学时所用到的僵化的思维方式与战争格格不入。如果企图在战争中找到一些像研究物质世界时运用的规律，则无异于缘木求鱼。

在研究军事技术的过程中，人们曾经以研究技术的规则作为准绳，但是处处碰壁，之后又以研究艺术的规则为标杆，同样走进了死胡同，因为艺术本身并无常规，与它有关的一些规则都是片面的，而且这些规则时常被感觉、习惯和意见所湮没。感觉、习惯和意见等因素，在战争中时隐时现，它们是否能够服从战争的一般规则？这些规则能否成为采取行动的依据？我们将在接下来加以叙述。但是有一点是显而易见的，战争并没有超出我们的认知能力，它的内在联系或多或少也是可以搞清楚的，只要做到这一点，战争理论就是名副其实的战争理论。

法国龙骑兵

龙骑兵也是法军骑兵中的精锐力量,在博罗季诺会战期间,在火炮部队的协助下,龙骑兵曾重创俄军骑兵。

第四章　经验主义

方法和方法主义在战争中的作用非常大，为了阐明它们的概念，我们必须从宏观角度观察一下在战争中能够支配所有行动的逻辑层次（就像政府机构中的层级制度）。

法则，无论是对于行动还是对于认识，这个概念都同样适用。从字面意义上来说，这个词汇具有主观性，但是它表达的恰恰是我们和外界事物必须遵循的东西。

原则与法则一样，都是对行动的规定，但它不像法则那样死板。当纷繁复杂的现实世界与法则发生冲突时，就必须运用原则解决问题；如果原则也无法解决问题，那么就必须运用判断力来解决问题，所以原则其实只是行动者的指南针。但是需要说明的是，如果原则是客观真理的产物，那么它对任何人都是适用的；如果原则是主观因素的产物，那么它只是对提出它的人才有价值——这种原则通常被称为座右铭。

虽然规则常常被视为法则的等价物，但事实上它的意义和原则是相同的，所以人们在运用规则时的自由度也是比较大的。此外，规则还有一个用途：根据个别的外在特征推导真理，进而根据真理制定行动准则。比如赌博秘诀、数学简便运算法就是这一类规则的体现。

细则和守则虽然也是对行动的规定，但是它们针对的对象过于琐碎，不必为它们建立具有普遍意义的法则。

最后我们要说到的是方法和经验主义。方法指的是常规办法之中的一种，经验主义指的是根据方法来决定行动。经验主义有一个前提，那就是所依据的方法能够适用的情况必须基本上是相同的，然而事实上这是不可能的，所以我们只能尽量使相同的部分多一些，所以经验主义应该根据相似情况的概然性总结出一种具有普适意义的真理。如果以同样的形式反复运用同一种真理，很快就可以达到程式化的熟练程度。

战争中杂乱无章的东西的规律性不是很明显，有规律性的东西也不是杂乱无章的，所以法则这个概念对于认识作战是多余的，它的实用性不见得强于简单的真理。如果能用简单的真理概括的东西，反而用复杂而夸张的概念来表达，这就是故弄玄虚。

在作战理论中，法则这个概念对于作战行动来说也是不适用的，因为作战行动变化多端，难以从中提取出具有普适意义的法则。然而在作战方法中，战术理论却有可能被抽象化为某些法则，比如不能用骑兵冲击队形严整的敌军步兵，不能在敌军进入有效射程之前开火，在战斗中必须节约兵力以备最后使用等。当然，这些法则并不是在任何情况下都适用，但是指挥官必须将这些

库勒斯道夫战役

库勒斯道夫战役是普鲁士军队与俄奥联军在1759年进行的一场战役,这也是腓特烈大帝输得最惨的一场战役,据说因为难以承受沉重的打击,腓特烈大帝在战后甚至产生了自杀的念头。

法则牢记于心,以便在适当的场合使其发挥作用。

如果发现敌军的炊事活动异常,即可断定敌军即将转移阵地,如果发现敌军在战斗中故意暴露自己的军队,就意味着我方可以发动佯攻。因为我们可以从这些明显的迹象中推断出敌军的意图,所以这种认识真理的方法被称为规则。如果说我们在战斗中发现敌军开始撤退炮兵就应该发动猛烈的攻势是一条规则,那么我们就可以由这个敌情——敌人准备放弃战斗而撤退,此时敌军无法组织有效的抵抗,在撤退过程中也无法完全摆脱我方——得出一条行动准则。

只要经过训练的军队能够掌握细则,并把它们作为行动依据,那么与战备有关的理论就能在战斗中发挥作用。比如与队形、训练、野战勤务有关的一切规定都是细则。在实际战斗中,这些细则都是现成的,所以必然会被包括在作战理论中。但是对于如何灵活地使用军队,我们却不能制定细则,因为细则是无法灵活运用的。

方法是执行任务的一般性的办法,对方法的使用和对细则的使用相反。它可以将原则和规则的精髓运用到实际中,在不扭曲它的本来面目、不使之成为僵化规定的前提下,我们可以将方法当成一种可以替代个人决断的捷径,所以它可以被列入军事理论。我们可以设想一下:在战争中,我们制定决策的前提有多少次只是纯粹的假设？或者说有多少次是在完全不清楚敌军情况的前提下制定的决策？由此可以证明一点：在战争中按照某些方法做事是非常重要的，也是不可避免的。我们之所以有时候在纯粹假设或者完全不清楚敌人情况的基础上制定决策，是因为当我们去了解那些对我们制定作战部署有影响的情况时，敌军会加以阻挠，时间也不允许我们去充分了解情况；退而言之，即使我们能够了解这些情况，有时候也因为这些情况过于复杂、涉及的范围太广，致使我们无法根据它们进行军事部署，所以我们有时候只能根据某些可能性进行部署。

与方法一样，经验主义在战争中同样是不可或缺的，而且具有很大的优点。所谓的优点，指的是可以通过反复使用同一种方法，提升指挥的熟练程度和准确程度，进而可以降低作战阻力。职位越低的指挥官，对方法的依赖比较大；职位越高，对方法的依赖越小；职位最高的人，则根本用不到方法。从这个角度来说，方法在战术意义的作用比在战略意义上的作用大得多。

战争包含着无数的细小事件，这些细小事件大同小异，好坏取决于方法的使用状况，但是从宏观角度来说，战争并不是由这些细小事件构成的，而是由一些具有决定性意义的重大事件构成的。举例来说，战争不是庄稼地，而是森林；收割庄稼的时候，我们不需要考虑庄稼的具体形状，收割的快慢取决于镰刀是否锋利，但是伐木的时候我们就必须知道每棵大树的具体形状。

我们在上面说过，在军事活动中，使用的方法的多少与职位高低有关，但是职位高低并不是使用方法的多少的决定性因素，事情的大小才具有决定性的意义。一般而言，统帅需要统筹全局，所以使用的方法比较少，即使使用方法，他也不能总是使用老一套方法，如果他总是在战斗队形、布置前锋和前沿岗哨等方面屡次使用同一种方法，这就会对他的部下和他自己形成束缚，即使这种方法是他自己创造的，或者是他根据实际情况采用的。但是需要说明的是，如果这些方法是以军队和武器的一般特性为依据，那么它们就可以成为军事理论的研究对象。

但是，只要完美的军事理论还没有出现、作战研究还没有达到尽善尽美的地步，职位较高的指挥官（不包括统帅）有时候也不得不利用经验主义。因为有些从事专业研究的人和上层社会的人会经常提出批评，在这些批评面前，那些职位较高的指挥官往往会手足无措，在这种情况下，他们只能依靠经验主义。因此，在可以单独处理问题的场合和必须单独处理问题的场合，他们自然而然地就会依靠经验主义，效仿最高统帅的作战方式。比如腓特烈大帝的部将总是喜欢采用斜形作战队形；法国大革命时代的将军总是喜欢拉长战线，进而发动围攻战术；拿破仑的部将则总是喜欢集中优势兵力进行大决战。在这些例子中，我们明显可以看出经验主义的影子。然而，如果有一种比较完善的理论对研究作战方法有助益，而且能够提高那些有雄心的指挥官的智力和判断能力，那么经验主义的使用范围就不会有这么大；即使有些作战方法是不可或缺的，它们也不是效仿的结果，而是战争理论自身的产物。

一个伟大的统帅即使作战方法已臻化境，其中也必然带有个人色彩，但是仿效他的部将的个人色彩和他通常是不同的。如果想在作战方法中完全摈弃这种具有个人色彩的作战方法，是不可能的也是错误的，正确的做法应该是，将这种方法看成战争的总体特性对个体所产生的影响的一种外在表现。这也就是说，当战争理论还没有将这种方法纳入研究范围时，只能依靠经验主义。

但是我们需要说明的,在特定情况下产生的方法很容易变得不合时宜,因为客观条件在悄无声息地发生变化,而方法本身没有变化,所以作战理论应该通过明确而合理地批判去防止使用这种过时的方法。比如普鲁士的一些将军在1806年因为沿袭腓特烈大帝的斜形作战队形而全军覆没,致使霍恩洛厄的军队遭到了空前绝后的惨败。[1]

远征途中的普鲁士骑兵

---

[1] 霍恩洛厄,普鲁士陆军元帅、军事理论家。克劳塞维茨在此处说到的战争,是发生于1806年的耶拿战役。在此战中,因为决策失误,普鲁士军队遭到了前所未有的惨败,被拿破仑一举击溃,致使普鲁士在战后成为法国的属国。——译者注

第五章　批判

　　通过理论研究得来的真理对现实产生作用的方式是实践，而不是仅仅使之成为纸上条文。我们即将说到的批判，指的就是将通过理论研究得来的真理应用到实践中。通过批判的方式，我们不仅可以使理论意义上的真理更加具有实际操作意义，而且通过反复实践，还可以使人们对真理的运用更加得心应手。从这个意义上说，我们必须明确两点：第一，用什么观点建立理论；第二，用什么观点进行批判。

　　批判地研究历史事件与简单地叙述历史事件是截然不同的。后者仅仅是罗列一些事实，最多也只是说明这些事实之间的因果联系，而前者则可以分为三种不同的智力活动：第一是与理论完全不同的纯粹的历史研究，即考证一些存疑的历史事件；第二是由因导果，这是一种纯粹的批判性

马背上的俾斯麦（右二）

的研究,对于任何理论来说,这种研究方法都是不可或缺的,在理论上需要验证的所有的东西,都能用这种研究方法加以解决;第三是对使用的手段进行检验,这是能够发现事物两面性的真正的批判,在这种研究方法中,理论的作用是从历史中吸取教训。

对于考察历史而言,第二种和第三种智力活动都是纯粹的批判活动,在此过程中,追溯事物的本源是重中之重,浅尝辄止或者随意进行臆想式的论断都是不可取的。

由原因推断结果时,往往会面临一种难以克服的外在困难——难以了解真正的原因。与其他人类活动相比,战争中极容易出现这种困难,也就是说战争的真相很难水落石出,尤其是战争动机更是难以探明,因为这些动机或者是被有意遮掩了,或者是因为这些动机具有短暂性和偶然性,缺乏相应的历史记载。所以,批判的研究往往与历史研究是相得益彰的。然而我们必须看到,有时候原因和结果并不是吻合的,也就是说结果与原因之间并没有必然联系,我们无法从某些历史事件中吸取教训。而我们进行理论研究的目的,就是遇到这种情况的时候适可而止,不必继续进行推论。如果误以为有已知的原因,就能说清楚结果的来龙去脉,那就是糟糕的错误。

除了外在的困难,进行批判研究有时候还得面临一种内在的困难,那就是战争中的某些结果并不是因为单一原因而产生的,而是多种原因合力造成的结果。这就要求我们在追溯本源时必须多线并进,找到多个原因,并且需要搞清楚这些原因的性质。如此一来,批判的研究就转入了纯粹的理论领域。

对使用的手段进行检验,也就是进行批判的考察时,必须搞清楚使用的手段会导致什么样的结果,以及这些结果是否符合手段使用者的目的。然而,要想知道手段会导致什么样的结果,就得探讨手段的性质,这也会转入理论领域。

我们曾经说过,进行批判活动的目的是发现绝对意义上的真理,在此过程中,不得做出臆想式的推断,因为这样的推断无法使人心服口服,别人反过来还会随意加以反驳,致使毫无意义的争论无休无止。

无论是对原因的探讨,还是对所用手段的检验,都会进入具有普适意义的理论领域。如果我们在进行批判活动时,可以确定某种理论是有用的,那么我们就可以将该理论中那些确凿无疑的东西作为依据,不必进行重复验证。然而,如果没有这种理论,我们进行批判活动时就得追本溯源。如果后一种情况总是发生,那么理论研究家面临的难题将是难以想象的,因为让他们对每一个具体的问题都进行详尽研究是不可能的,所以为了限定研究范围,他们有时候不得不满足于一些随意提出的主张——虽然他们本人并不认为这些主张是随意的,但是在别人看来却是如此。所以说,进行批判活动重要的基础之一就是必须有有用的理论,否则就无法使人从中吸取教训。

然而,如果认为理论能够将所有真理都囊括其中,进行批判活动的目的只是检验具体情况是否与相关法则相符,这也是不切实际的幻想。同理,如果在进行批判活动时事先规定某些理论是神圣不可侵犯的,这就犯了削足适履的学究式的错误。创造一种理论的时候,我们必须具备某种能够深入分析的精神,开展批判活动的时候,我们同样得具备这种精神。只有具备这种精神,我们才能更深层次地进入理论领域,从而能够深入地说明一些尤其重要的问题。也就是说,如果在批

托尔高战役后的早晨

托尔高战役是普鲁士军队与奥地利军队在1760年11月进行的一次战役，虽然普鲁士军队最终获胜，但是付出了惨重的代价。

判活动中只是对理论生搬硬套，我们就无法达到批判的目的；我们通过理论活动得出的某些规则越是成为僵化的条文，能让它们施展拳脚的舞台就越小，它们与真理的性质也会随之背道而驰。因为它们是供人应用的，只有实践性的判断才能决定它们的适用性，所以我们在进行批判活动的时候不能把理论上的结论当成衡量一切的准绳。

例如，按照战术规定，在总体战斗队形中骑兵不能和步兵部署在同一条战线上，而是应该将骑兵部署在步兵后方，但是如果对违背这种做法的行为统统加以批驳则是荒谬的。我们在开展批判活动时，应该探明当事者这样做的理由，只有理由不成立的时候，我们才能以理论上的规定作为衡量依据。再如，按照战争理论的规定，兵分多路发动进攻会降低取胜的可能性，然而如果认为失败都是因为兵分多路造成的，或者说在兵分多路而获胜的时候，认为理论规定是错误的，这也是不可取的。

一言以蔽之，那些经由理论探讨而得出的结论是我们进行批判活动的一种依据，对于那些已经在理论上确认的东西，我们进行批判活动的时候无须对之重新加以确认。我们进行批判活动的目的，是探讨原因与结果之间的关系，是探讨手段与目的是否能够相适应，如果原因与结果、目的与手段之间的关系很直接的时候,批判活动相对比较容易完成。

比如一支军队因为遭到突袭,所以不能按照预想的那样发挥力量,在这种情况下,突袭的效果就是可以确定的。比如战争理论规定发动围攻虽然胜算比较小,但是战果比较大,那么我们进行批判活动的时候面对的主要任务,就是确定指挥官发动围攻的目的是否为了获得较大的战果;如果目的的确如此,那么指挥官采取这样的手段就是正确的;如果说他的目的是这样的,但是他并没有从实际情况出发,而只是生搬硬套地使用了这种理论,那么他就犯了错误。

如果不考虑整体联系,只考虑事物之间的直接联系,那么批判性地探讨原因和手段并没有多大的难度,而且,如果只局限于考察直接性的目的和结果时,进行批判活动的目的也是比较小的。但是组成战争整体的各个部分是彼此联系的,所以微小的变化也会产生牵一发而动全身的效果,即使微弱的原因也会对整个行动的结果产生影响,即使影响很小。同样,手段的变化对目的产生的影响,与原因的变化对结果的影响也是一样的。

在战争中,只要某个现象还有参考的价值,我们就可以继续利用因果联系对之进行进一步研究。也就是说,我们可以利用直接的目的去检验手段,还可以把这个目的当成检验达到更高目的的手段,如此一来,就可以通过对一连串具有因果联系的目的进行推导,直到推导出最后的目的——能够直接导致媾和的目的。显然,在这种推导过程中,每到达一个新的阶段,我们就拥有了一个新的出发点。所以说有时候某些手段在较低的阶段是合适的,但是在较高的阶段却是必须摒弃的。

俄瑞战争

普鲁士和奥地利称得上是世仇,俄国和瑞典也是如此。为了争夺波罗的海以及沿岸地区,从16世纪中期到19世纪,俄国与瑞典展开了一场长达200多年的战争,战争的最终结果是瑞典战败,被迫议和,俄国获胜。

立窝尼亚骑士团

16世纪后半期，为了争夺波罗的海的控制权，俄国发动了一系列对外战争。立窝尼亚骑士团成立于1237年，因下辖立窝尼亚而得名，在立窝尼亚战争期间被俄国击败，1562年解体。立窝尼亚战争属于俄瑞战争的第一阶段，战争结束之后，双方签订停战协议，俄国在芬兰湾南岸仅保留涅瓦河口的一小块土地，其余全部归瑞典所有。

伊凡雷帝和他的儿子

　　伊凡雷帝是俄国的首任沙皇，此人功勋卓著，但是生性冷酷暴躁，有一次在盛怒之下，他竟然用手杖将长子伊凡太子活活打死，为了传承皇位，伊凡太子的弟弟费多尔一世继位。费多尔一世在位期间，继续征伐瑞典，在此期间的战争为俄瑞战争的第二阶段。

俄军的胸甲骑兵

从1610年到1617年是俄瑞战争的第三阶段，在此期间，俄瑞双方各有胜负，都没有获得具有决定性意义的胜利。由于技术条件限制，当时的战争仍然以冷兵器为主，骑兵是一个很重要的兵种，骑兵的装束也依然比较笨重。

在批判某些军事活动时，研究某些导致某种现象的原因，与检验目的是否与手段相符，经常是齐头并进的。只有通过对现象的研究，才能找到值得作为检验对象的目的。当然，这种研究方式的难度是比较大的，因为结果离原因越远，支配结果的其他情况就越多，人们需要同时考虑的其他情况也越多，并且还得考虑这些情况对结果产生的影响有多大。比如，我们能够找到导致某一次会战失败的原因，就可以将此次会战失败当成导致整个战争结局发生变化的原因，但是这只是导致整个战争的结局发生变化的原因之一，因为还有其他情况会影响整个战争的结局。同理，面临的阶段不同，检验手段时的难度也会随之加大，因为随着目的的递进，为达到目的所运用的手段就会随之增多；而且，战争的最终目的是所有的军队的目标，随着目的的递进，军队围绕着目的所做的一切都应该被列入考虑范围。

1797年3月，拿破仑率领意大利军团由塔利亚曼托河向卡尔大公发动进攻。当时，卡尔大公的援军正在从莱茵河赶来，拿破仑的目的就是迫使卡尔大公在援军抵达之前出战。从直接目的来看，拿破仑采取的手段是正确的，事实也证明了这一点。由于兵力薄弱，所以当卡尔大公看到敌军兵力强大而且士气如虹的时候，只是进行了一些象征性的抵抗，就放弃了诺里施阿尔卑斯山的山口，然后退出了战场。利用此次胜利，拿破仑可以达到什么目的呢？他可以长驱直入，直抵奥地利帝国的心脏，与莫罗和奥舍率领的两支莱茵军团互相支援。从拿破仑考虑问题的角度来看，他是正确的。然而如果从比较高的角度——督政府的角度——来看，拿破仑越过诺里施阿尔卑斯山进军就是一步险棋，因为按照督政府的设想，这一步应该在六个星期之后进行。

抵达菲拉赫之后，拿破仑意识到，如果奥地利人利用从莱茵河赶来的援军在施太厄马克组成强大的预备队，卡尔大公就可以组织反攻，如此一来，不但意大利军队有可能遭到灭顶之灾，而且整个战局也有土崩瓦解之虞，所以拿破仑在菲拉赫签订了《雷欧本停战协定》。然而，如果从更高的角度——事实上，奥地利人在卡尔大公的军队和维也纳之间没有预备队——来看，就可以看出维也纳会因为意大利军队的步步紧逼而岌岌可危。如果拿破仑知道奥地利没有驻军，以及卡尔大公在施太厄马克地区仍然居于劣势，那么他就可以势如破竹地逼近奥地利的心脏，奥地利人对维也纳的重视程度，则决定了他采取的这个行动的价值。如果奥地利宁可接受对方的条件进行媾和，那么就可以将威胁维也纳当成拿破仑的最终目的；如果拿破仑能够在当时知道这一点，那么我们的批判活动就可以到此为止；如果对此尚有疑问，那么我们还可以从更高的角度继续进行批判活动，并且可以进一步提出疑问：如果奥地利人放弃维也纳，撤向本国腹地，又会出现什么情况呢？

如果不先行分析莱茵区双方军队之间可能发生的事件，就无法回答这个问题。

在兵力占据优势地位的情况下，法军（法军为十三万人，奥地利军队为八万人）获胜的可能性比较大。然而，法国督政府想利用这次胜利达到什么目的呢？是乘胜追击，彻底消灭奥地利，还是想通过占领城池迫使奥地利媾和呢？

我们必须探明这两种情况可能导致的结果，才能推断出法国督政府的意图。

如果说法军的兵力不足以彻底击溃奥地利，那么强行发动战争就会使整个局势发生变化；退而言之，即使法军的目的是攻城略地，进而迫使奥地利媾和，这也会暴露法军兵力不足的问题。显然，这就会影响人们对（拿破仑的）意大利兵团的期望，也就是说，人们会降低对意大利兵团的期望。事实上，这也是拿破仑和卡尔大公签订《坎波福米奥和约》的原因——即使拿破仑明知卡尔大公孤立无援。因为这个和约，奥地利丧失了一些即使它在作战成功的前提下也无法收回的领土，除此之外，它并没有付出更多的代价，法国也没有得到太多的好处。

但是我们需要说明的是，法军之所以敢于铤而走险，将签订和约作为孤注一掷地进军的目的，是因为他们意识到了两个问题。

第一个问题是奥地利人如何看待我们在上面所说的那两种结果，即法军的意图是彻底击溃奥地利，还是想通过攻城略地的手段迫使奥地利媾和。虽然在这两种假设中，奥地利都有可能获得最后的胜利，但是继续推进战争，他们就得付出更多的牺牲，而签订一个并不是很苛刻的条约则可以避免这种结局。第二个问题是，奥地利人是否会利用有利于自己的条件坚持到曙光来临，也就是说，他们是否考虑过法国人最后得到的是什么？法国人是否会因为一时失利而士气沦丧？

对于第一个问题的考虑，意义至为重要。人们每当提出鱼死网破的计划时，不可避免地需要考虑这一点，而且正是因为这种考虑，那些两败俱伤的计划才往往不会被付诸实践。对于第二个问题的考虑也很重要，因为人们面对的敌人不是抽象的人，而是具体鲜活的人。胆识过人的拿破仑肯定对这一点心知肚明，因为他相信自己的声名能够摧毁敌军的士气。然而，同样是因为这种信念，他在1812年进攻莫斯科时一败涂地，他的威名也因此江河日下。在1797年，尽管他的威名如日中天，但他可能已经意识到了可能会失败，所以才签订了并不能给法国带来多少好处的《坎波福米奥和约》，否则他的威名就会使他得到相反的结果。

至此，我们即可结束对这个战例的批判。通过这次批判，我们已经可以说明一个问题：在批判活动中，当人们必须检验最终目的的时候，或者说人们必须检验那些为了实现最终目的而采取的手段时，所涉及到的范围是广泛的、所涉及到的对象是繁多的，面临的困难也是巨大的。

在批判性的考察活动中，除了一些理论知识，天赋也有极为重要的作用。因为要理清事物之间的彼此联系，在杂乱无章的事物中辨认出最重要的东西，主要得靠天赋发挥作用。进行批判性的考察活动时，我们需要同时考虑已经用到的手段和可能被用到的手段，如果我们找不到更好的手段，就不能批评那些已经被用到的手段。提出一些可能被用到的手段是一种独力的创造，这种活动不能用理论加以规制，只能依靠丰富的智力活动进行创造。①

1796年，为了迎击前来解曼托瓦之围的乌尔姆塞尔的军队，拿破仑于7月30日放弃了对曼托瓦的围攻，并且集中优势兵力，各个击破，分别击破了被加尔达湖和明乔河割开的乌尔姆塞尔的军队。这似乎是拿破仑获得胜利的最为可靠的手段，之后敌人发动反攻时，他也用这种手段获得了更为辉煌的战果。

如果拿破仑没有放弃对曼托瓦的围攻，那么他在7月30日就无法击溃乌尔姆塞尔的军队，然而，为了击溃乌尔姆塞尔的援军，他不得不放弃了攻城辎重，而且在迎击敌方援军的时候，他也无法得到第二套攻城辎重。因此，此次战役过后，拿破仑对曼托瓦的围攻就变成了单纯的包围，原来只需要七八天就可以攻克的曼托瓦，后来又坚持了六个月才沦陷。虽然这个结果令人遗憾，但是因为批判者找不到更好的迎击援军的办法，所以他们认为这是不可避免的。

在路易十四那个时代里，在围攻防卫圈②进攻敌方援军是一种有效的手段，但是在此之后，因为屡屡受到批评，这种手段似乎被人遗忘了。如果说这种手段（在拿破仑围攻曼托瓦时）是可用的，那么通过进一步研究我们就可以看出，在有防御工事的条件下，拿破仑不必对敌方援军心怀恐惧，因为他在曼托瓦防卫圈内部署的四万名将士在世界范围内都堪称精锐之师，对乌尔姆塞尔的军队来说，让他们对法军发动进攻的难度也是相当大的。当然，我们没有对刚才所提的这种手段进行进一步论证的必要，但是我们要说明的是，这种手段是值得考虑的。拿破仑本人有没有考虑过采用这种手段呢？因为在他的回忆录和其他已经出版的资料中没有发现蛛丝马迹，所以我们无法妄下断言。虽然提出这种手段并不是值得炫耀的功劳，但是将其与拿破仑已经用到的手段进行比较仍然是有必要的。

1814年，拿破仑在埃托日、尚波贝尔、蒙米莱等战役中击败了布吕歇尔的军队之后调转矛头，进攻施瓦尔岑堡亲王，并在蒙特罗和莫尔芒重挫施瓦尔岑堡亲王的军队。拿破仑用兵飘忽如神，能

---

① 克劳塞维茨在此处所说的"可能被用到的手段"，指的是后来者看待以往的战例时，所提出的一些当时没有用到，但是采用之后会获得更好的效果的手段。——译者注

② 为了迎击敌方援军，发动围攻战役的军队有时候会在围攻圈外围建立一些防御工事，这就是围攻防卫圈。依靠这种作战工事，军队可以继续进行围攻，也能随时抗击敌方援军。——译者注

瑞典骑兵

　　1700年到1721年为俄瑞战争的第五个阶段,在此期间,俄瑞力量发生了根本性的变化,俄国开始逐渐占据有利地位。在历史上,瑞典骑兵是一支令敌人望而生畏的力量,其中最好的骑兵来自芬兰,被称为Hakkapelis,这个名词来自他们在战斗时的呼号,意思就是"把他们剁成排骨",但是在俄瑞战争的第五个阶段,由于作战技术的变化,瑞典骑兵的地位和战斗力已经有所下降。

够机动化地使用主力部队,利用联军兵力分兵前进过程中的疏漏,将敌人各个击破,人们因此对拿破仑佩服得五体投地,虽然这对他最终的失败无济于事,但是有些人认为这并不全都是拿破仑的错。

如果拿破仑没有调转矛头,而是拿出赶尽杀绝的劲头继续追击布吕歇尔,将其一直赶到莱茵河边,结果又会怎么样呢? 截至目前,没有一个人提出这个问题。如果有这种可能,那么我们确信,这会使战局发生根本性的逆转——联军可能会退回莱茵河东岸,而不是继续进击巴黎。

我们并不是让别人认同这种手段,只是说在进行批判活动的过程中,如果有另外一种手段,就应该对其加以探讨,相信任何军事家都会同意这种看法。我们在上面提出的这种手段本来是更容易被用到的,但是由于人们缺乏公正的态度,只是盲目地对某种见解亦步亦趋,所以没有意识到这种手段。

此外,虽然有些批判者提出能够用更好的手段取代那种备受诟病的手段,但是他们无据可依,仅仅是提出了他们所认为的更好的手段。显然,这是无法使人信服的,因为这意味着别人也可以在没有依据的前提下提出另外一种手段,而这将会产生毫无意义的争论。也就是说,如果提出的手段无法使人信服,就得具备提出这种手段的依据,所谓的依据,指的就是指出这两种手段——已经用到的手段和新提出的手段——的特点,然后根据作战目的进行比较。如果能用这种简单的方式说明问题,那么争论就会结束;即使争论不会结束,我们也可以由此得到新的结论。

比如,在上面的战例中仅仅提出一种比较好的手段无法使我们得到满足,我们还想进一步论证追击布吕歇尔更胜于进攻施瓦尔岑堡亲王,那么我们就可以用下列理由作为依据:

第一,按照惯例,集中兵力攻坚比飘忽不定地发动进攻更为有利,因为飘忽不定地进攻必须耗费时间,而且持续性地对士气低迷的敌军发动进攻容易得到新的胜利,也就是说,集中兵力攻坚能够使已经得到的优势发挥最大化的效用。

第二,虽然布吕歇尔的军队比施瓦尔岑堡亲王的军队少,但是由于布吕歇尔果敢强毅,所以他才是敌军的核心人物,也是拿破仑的劲敌。

第三,在拿破仑的打击下,布吕歇尔的军队几乎全军覆没,所以拿破仑将其逼到莱茵河边几乎没有什么难度,因为在这条线路上,布吕歇尔没有强有力的外援。

第四,没有什么比将布吕歇尔追赶到莱茵河边更能使敌军士气震恐,对于像施瓦尔岑堡亲王这种优柔寡断的将领来说,布吕歇尔的败退尤其能使他士气低落。当时,符腾堡王太子的军队(施瓦尔岑堡亲王的前锋)和维特根斯坦伯爵(施瓦尔岑堡亲王的右翼)在莫尔芒一带先后遭到重挫,施瓦尔岑堡亲王对此心知肚明;如果布吕歇尔在从马恩河和莱茵河之间这条孤立无援的战线上再次遭到重挫,那么这个消息就会使施瓦尔岑堡亲王的军队人人自危。1814年3月底,拿破仑采取迂回战术对联军进行威胁,希望用这种暴虎冯河的举动威胁联军,但是时过境迁,此时拿破仑已经在拉昂和阿尔西接连失利,而布吕歇尔则已经率领十万大军即将与施瓦尔岑堡亲王会和。

有的人可能不会认同这些依据,但是他们至少不能反驳,认为如果拿破仑继续向莱茵河挺进,进击施瓦尔岑堡亲王的基地,那么施瓦尔岑堡亲王就会进击拿破仑的基地——巴黎。因为从上述可以看出,施瓦尔岑堡亲王根本不会向巴黎挺进。

为了说明这个问题,我们将进一步探讨上面所说的1796年的战例。

如果说拿破仑的战术确实是击溃奥地利军队的最好的办法,那么他得到的胜利也没有太大的实际意义,对攻克曼托瓦几乎没有什么助益。我们认为由我们提出的那种手段才是比较好的办法。如果说站在拿破仑的立场上,并不认为这种手段更为有效,或者说胜算更小,那我们可以对比一下这两种手段:一种手段的胜算大,但是得到的好处少(放弃围攻,主动迎击);一种手段的胜算比较小,但是得出的好处大(坚持围攻,等待敌军到来)。显然,胆量过人的人会采取第二种手段,看问题很肤浅的人才会采用第一种手段。虽然拿破仑并非懦弱之辈,但是他无法像如今的我们这样可以从历史经验中看清事情的本质和可能出现的结果。

在军事艺术中,经验的价值要远远高于所有的哲理,所以考察手段的时候自然而然地会用到战史。但是引用战史为佐证时有其特殊条件——关于这一点我们将在后文详谈——人们却很少注意到这些条件,所以他们引用战史时往往会造成逻辑上的混乱。

俄军的锁子甲骑兵

从1741年到1743年为俄瑞战争的第六阶段,由于得到了法国的支持,在此期间,瑞典抢占了先机,但是被后发制人的俄军击败,瑞典再次受到重创。当时虽然出现了火枪,但是由于这种枪械的性能并不是很好,所以冷兵器依然占据主流地位,由俄军锁子甲骑兵的装束上即可看出这一点。

古斯塔夫三世加冕

1788年至1790年为俄瑞战争的第七阶段，当时俄国正与土耳其激战不休，瑞典国王古斯塔夫三世趁机发动突袭，但是铩羽而归。之后，俄军发动报复性进攻，瑞典一败再败，被迫签订停战协议。

　　接下来我们还需要继续考察一个重要的问题：批判者在判断某个历史事件时，在多大程度上可以利用——或者说必须利用——对该事件的比较全面的了解？ 在多大程度上能够利用已经被结果证明的那些东西？ 也可以这样说，我们在判断某个历史事件时，在什么时间和什么场合必须抛弃这些东西（对该事件的比较全面的了解；那些已经被结果证明的东西），站在当事人的立场上去考虑问题？

　　如果批判者打算对当事人或褒或贬，那么他们就必须尽可能地站在当事人的立场上，既需要知道当事人知道的情况以及使他们产生行为动机的情况，也得抛弃当事人不知道和不可能知道的所有情况。但是对于批判者和当事人来说，某些具体情况是完全不同的，所以我们所说的这种立场仅仅是一个努力方向，在实际中我们不可能完全做到这一点。

　　从动机方面来说。有些对当事人产生某种动机有影响的事件非常小，甚至无从考证，有些动机也从来没有被他们提过，虽然我们可以在与当事人关系亲密的人的回忆录中去寻找动机，但是回忆录里关于这方面的记载往往都是语焉不详，或者是有意遮掩，所以当事人了解的有些情况，是批判者无法了解的。

　　从掌握的情况方面来说，虽然批判者在某些方面掌握的情况远远多于当事人，但是让批判者抛弃这些材料的难度非常大。如果这些材料是偶然性的——与某个事件的本质没有必然联系——那么抛弃这些材料就比较容易，反之则困难重重，甚至可以说是不可能做到的。

　　我们先来说说结果。如果说结果不是偶然因素的产物，那么以结果为依据去判断原因，就很难不受到结果的影响。因为我们知道结果在先,判断原因在后,对于某些原因,我们只有在参照结果的基础上才能给予评价。对于批判活动来说,战史中的所有现象都是吸取教训的来源,所以批判者用全面考察历史得到的认识来阐明事物是很自然的,即使他们想避开结果的影响,这也是无法完全做到的。

不仅对于结果来说是这样,对于引发结果的原因来说也是如此。在大多数情况下,批判者所知道的这方面的材料多于当事人所知,有的人或许会以为不受这些多出来的材料的影响易如反掌,然而事实并非如此。因为当事人对结果发生之前的情况的了解主要来自确切的情报,以及大量的推断。即使他们所了解的不全是偶然情况,也几乎总是推断在先,情报在后,所以在缺乏准确情报的情况下,他们只好用推断来取而代之。在当事人不了解的情况中,哪些情况被他们了解的可能性比较大呢?后世的批判者在处理这个问题的时候,在理论上不应该受到那些多出来的材料的影响,但是这与完全抛开结果去判断原因一样是不可能的。所以批判者看待某个具体行动时,无论态度是褒是贬,要想完全站在当事人的立场上都是不可能的。

然而,必须让批判者和当事人站在完全一样的立场上是不必要的,也是不可取的。在技术活动和艺术活动中,我们需要的是一种造诣,也就是说我们需要的是一种经过磨炼的禀赋,在军事活动中同样如此。当事人的军事造诣有高低之分,造诣高的人要远远高于批判者,哪个批判者敢夸下海口,说自己的军事造诣比腓特烈大帝和拿破仑还高呢?如果批判对象的军事造诣已达炉火纯青之境,那么对于批判者来说,我们就得允许他利用比当事人所知道的材料更多这个优势。所以在对伟大的统帅进行批判的时候,不能像进行数学演算一样根据当事人所用的材料去验证他完成的任务,而是必须以他取得的成果和对相关事件的准确估计为基础,去鉴赏他卓越的天才活动,了解他的慧眼所预见到的事物的本质上的联系。退而言之,即使当事人的军事造诣是低劣的,我们在对他进行批判的时候也必须进行高屋建瓴的批判,以便掌握丰富的客观判断依据,并尽力避免武断的推论。

进行高屋建瓴的批判活动,依据对问题的全面了解对具体的人或事进行褒贬,这本无可厚非,但是如果把通过这种活动得出的结论都揽为一己之功,认为这是自己的天才性的表现,那就是班门弄斧。尽管这种欺世盗名的做法很容易被揭穿,但是在虚荣心的驱使下,人们往往愿意这样做,这自然会引来他人的不满。更为常见的一种情况是,批判者并不是有意自吹自擂,只是他不够谨慎,所以有些急性子的读者会认为他这种行为是自吹自擂,进而认为他没有批判能力。所以,当批判者指出腓特烈大帝和拿破仑这一类人的失误时,并不是意味着批判者本人可以避开这一类失误——批判者可能会承认,如果自己处在被批判者的地位,甚至会犯更大的错误——这只是说他根据事物的关联发现了这些失误,而当事人凭借自身的才具完全有可能避开这些误区。

这是根据事物之间的联系进行的判断,也是以结果为依据进行的判断。如果只是以结果为准绳,来衡量某种措施是否正确,那么对于判断而言,结果就会产生另外一种不同的作用。我们称这种判断方式为根据结果进行判断。从表面上看,这种判断方式似乎没有什么用处,但是事实上并非如此。

亚历山大一世

　　1808年至1809年为俄瑞战争的第八阶段，在此期间，沙皇亚历山大一世利用法俄结盟的机会，以瑞典国王古斯塔夫四世拒绝退出反法联盟为由，主动发起攻击，兵抵瑞典首都斯德哥尔摩城下，瑞典被迫签订城下之盟，同意将芬兰和奥兰群岛割让给俄国。

例如，1807年弗里德兰战役之后，拿破仑迫使亚历山大大帝媾和，1805年和1809年，通过奥斯特里茨战役和瓦格拉姆战役，拿破仑迫使弗兰茨皇帝媾和；1812年，拿破仑率军挺进莫斯科时，能否迫使亚历山大大帝媾和都取决于能否占领莫斯科以及占领莫斯科之前得到的战果有多大。也就是说，如果拿破仑无法在莫斯科迫使亚历山大大帝媾和，那么除了撤兵之外他就会别无他法，这也就意味着他在战略上的失败。

为了攻占莫斯科，拿破仑做了什么？他是否错过了与亚历山大大帝媾和的机会？他在撤退时有多么惶恐不安？我们不想谈这些问题，但是有一个问题是无法回避的，那就是尽管他在进军莫斯科的过程中势如破竹，他却无法肯定亚历山大大帝是否会因为惶恐而签订城下之盟；即使他撤退的时候损失并不是很大，但这仍然意味着战略上的失误。如果亚历山大大帝在1812年被迫与拿破仑媾和，那么对拿破仑而言，这次战役就可以和奥斯特里茨战役、弗里德兰战役、瓦格拉姆战役相媲美；然而，即使在这三次战役之后没有签订和约，拿破仑似乎也很难躲开1812年的惨败命运。也就是说，即使这位世界征服者拼尽全力，他在1812年惨败的命运也难以改动分毫。

然而，因为这一次惨败，人们就可以将他以往的辉煌战绩一笔勾销，认为他之前的胜利只是侥幸获得，1812年的惨败是命中注定吗？这种看法显然令人难以信服，因为做出这种推断的根据是不充分的，以各起历史事件之间的联系为依据，我们并不能看到铩羽而归的拿破仑的决心。此外，我们也不能说拿破仑于1812年原本应该凯旋而归，这次惨败是由于某些不合理的原因——亚历山大大帝的顽强抗击——造成的。比较正确的说法，应该是拿破仑此前之所以获胜，是因为他对战局的判断是正确的，而1812年的判断是错误的。之所以做出这种推断，是结果给我们提供的依据。我们曾经说过，所有的战争活动追求的只是一种或然性，而不是必然性。对于那些无法肯定手到擒来的事物，只好依靠命运女神的垂青。虽然我们应该减少对命运的依赖，但是这只是在具体的条件下才能如此，并不是说对命运的依赖越少越好——事实上，在某些场合中，暴虎冯河的勇气往往能够体现智慧的巅峰。

当事人必须依赖命运的时候，他自身似乎无功亦无过，但是当我们看到他的愿望实现的时候会喜出望外，看到他的愿望破灭的时候会垂头丧气。我们以结果为依据对当事人的行为进行判断的时候，其实也是我们这种感觉的体现。我们之所以会以当事人的愿望实现与否或喜或悲，是因为我们有一种朦胧的意识——当事人与命运女神之间有一种微妙的联系，而且我们乐于看到这种联系的存在。

如果某个统帅得到命运的青睐，我们也对他有好感，那么我们就乐于考察他的事迹，所以在批判活动中，当能够被人的智力推测和论证的一切都经过深思熟虑之后，如果暗含于事物之间的某种神秘的联系没有明显地表露出来，那么我们只能以结果来对之加以说明。身为批判者，一方面应该维护这种推断，不使它遭受非议，一方面也应该反对滥用这种推断。

对于人力无法确定的东西，就必须以结果为进行衡量的准绳。在确定精神力量的作用的时候，就得采用这种推断方式，这是因为人力很难对精神力量做出恰如其分的判断，而且精神力量与意志也有密切的联系，很容易受到意志的摆布。比如决心如果受到恐惧和勇气的摆布，那么在决

极盛时期的荷兰舰队

如果说17世纪和18世纪是俄国的奋斗史，那么17世纪也是英国的奋斗史。英国崛起之前，荷兰是西欧的强国，凭借强大的舰队，荷兰人在全球范围内开展商业贸易，并大力开拓殖民地，号称"海上马车夫"。

心和恐惧、勇气之间就找不到客观的联系，在这种情况下，凭借智慧来推断可能出现的结果时就没有东西可以作为依据。

在进行批判活动的过程中，我们使用的语言和战争中的行动是严丝合缝的，所以接下来我们将要探讨批判活动中使用的语言。

归根结底，批判活动是一种思考行为，它和发动某种军事行动之前的思考是一样的，所以在批判活动中使用的语言和战争中的思考是殊途同归的，如果否认这一点，批判活动就会失去实际意义，这种语言也当然不会成为沟通批判活动与现实活动的纽带。

建立战争理论的着眼点，应该是培养指挥官的智力，而不是提供僵化的理论教条，关于这一点，我们在考察战争理论的时候已经提及。如果我们在判断战争活动中的某些具体情况时，真理不是以成体系的形式体现出来的，必须具备洞若观火的观察力才能发现，那么在进行批判活动的过程中，道理也是一样的。我们也可以看到，如果某种事物的性质必须用烦琐冗长的语言才能说明白，那么我们在进行批判活动的时候，就得借助某些真理。在战争中，只有当事人践行这种真理的时候，才能深刻地体会到这种真理的精髓，而不会将其视为僵化的教条。同理，在批判活动中应用真理的时候，我们也不能把它们当成僵化的教条，而是需要深刻体会它们的精髓。只有这样，我们在批判活动中才能避开那些烦琐冗长且含糊不清的语言——虽然这只是一种理想状态，但这是我们应该努力的方向。

在进行批判活动的过程中，我们应该具备洞若观火的慧眼，还得避免使用喋喋不休的语言。但遗憾的是，如今只有少数人能做到这一点，大多数的批判者因为虚荣心的驱使，则在批判活动中炫耀自己的学识。

批判活动中常见的弊病有三种：第一种弊病是对某些片面的理论顶礼膜拜，这些片面的理论极为脆弱，很容易土崩瓦解，但是所幸这种体系为数不多，带来的弊端不是很大。第二种弊病是滥用名词、术语和比喻，它们就像宫廷侍卫一样对各种体系亦步亦趋，又像散兵游勇一样横冲直撞，虽然有的批判者对任何体系都嗤之以鼻，或者对任何体系都一知半解，无法如臂使指一般使用任

伊丽莎白女王一世出巡

伊丽莎白女王一世被普遍认为是英国历史上最为杰出的帝王之一，她统治的时代被称为黄金时代。英国由一个弹丸小国走上争夺海上霸权的道路，很大程度上就是因为她的鼓励和推动，比如在她统治期间，英国就击败了西班牙的无敌舰队，不过此时英国的海上力量很难与荷兰相提并论。

何一种体系，但是他们仍然想将从这些体系中学到的只言片语作为批判某些统帅的依据。对于这些人来说，他们学到的这些零碎知识就是他们进行批判活动的利器，否则他们就无法开展批判活动。这些零碎的知识中，最为常见的就是一些术语和比喻，当然，它们只是批判活动中华而不实的装饰物。这是因为这些知识被从原来的体系中单独抽离出来之后，在被当成真理使用的过程中，就丧失了原来的正确性。但是这还不是最坏的情况，最坏的是有的批判者引用的名词术语只是泛泛空谈，甚至连他们自己都不明白这些名词术语的含义。第三种弊病是在批判过程中炫耀学识，旁征博引几乎到了泛滥的程度——我们此前说过历史对军事艺术的作用，接下来将专门对此展开论述——如果对某个史实的了解不够深入，那么别人就可能以子之矛攻子之盾。如果从时空遥隔的时代和国家随意挑选战例，那就会造成判断上的混乱，只要仔细观察，就会发现某些批判者这样做只是为了炫耀学识。

这种似鹿似马的概念对实践有什么意义呢？几乎一无是处。如果在理论研究中采取这种做法，那就和实践是背道而驰的，就往往会受到有经验的指挥官的嘲笑。反之，如果理论能够联系实际，能够用一阵见血的语言概述真理，能够正视事实、抛开虚伪矫饰，就可以避免上面所说的各种弊病。

第六章 关于史例

在经验科学[①]中，能够说明一切问题的史例的说服力是最强的，在军事科学中尤其如此。沙恩霍斯特将军曾经写过一部名为《野战手册》的著作，在其中认可了史例在军事科学中的重要性，并且令人钦佩地运用了史例，如果不是后来因为阵亡，他就能把《炮兵手册》的第四部分修改完毕，从而向我们出色地证明他是怎样从经验中吸取教训的。然而，一般的理论著作者很少运用史例，即使对其加以运用，他们也无法帮助读者，反而会妨碍读者理解问题，所以我们说正确地运用战例是一个很重要的问题。

从属于军事艺术的各种基础性的知识都属于经验科学的范畴，因为对各种事物本质的认识是获取这些知识的来源，而认识这些事物本质的途径则是经验。此外，对于这些知识的运用必须因地制宜，仅仅研究运用这些知识的手段，则没有完全认识这些知识的可能。

作为现代军事活动的巨大的推动力，火药的作用就是通过经验才走进人们的视野，而且人们还在不断地做实验对火药进行更加深入地研究。因为火药的作用，子弹才能以每秒一千尺的速度射出枪膛，击杀任何阻挡它的生物，这是无须通过经验就可以知道的事情。但是能够更加精确地决定火药作用的条件还有很多，有些条件只能以经验为依据才能形成正确的认识。

除了物质作用，精神作用也是一个我们必须重视的问题，然而，如果想正确认识精神作用，除了借助经验，我们别无他法。在中世纪，当火药横空出世时，因为本身构造不是很完善，所以它的物质作用与现在无法相提并论，但是它所产生的精神作用却要强于现在。一支久经战火锤炼而且自视甚高的军队的精神作用能有多强？关于这个

詹姆斯一世

伊丽莎白女王一世死后无嗣，继位者为詹姆斯一世。当时，英国的资本主义经济发展迅速，新兴资产阶级和新贵族越来越难以忍受封建王权的专制统治，但是詹姆斯一世与继任者查理一世不肯妥协，终于导致矛盾激化，致使英国发生内战。

[①] 理论科学的对立物，指偏重于经验事实的描述、明确具体的实用性科学。一般而言，经验科学的抽象理论色彩比较弱。——译者注

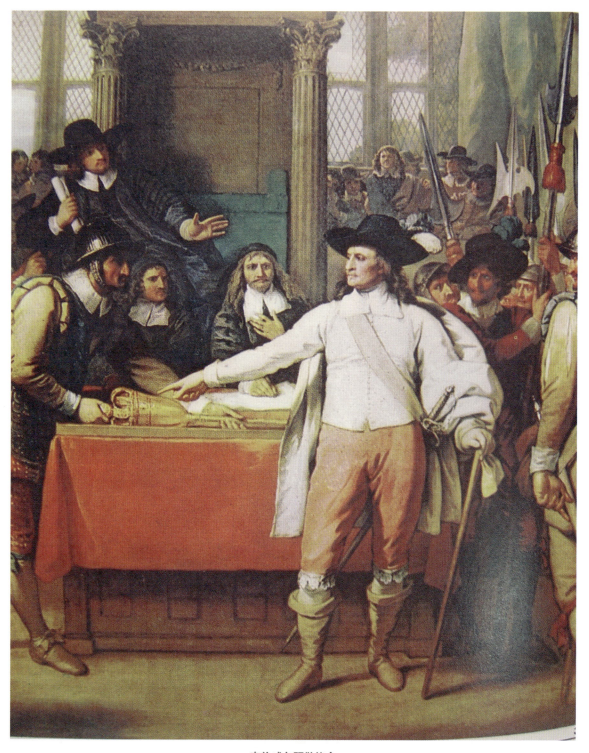

克伦威尔驱散议会

经过两次内战，克伦威尔率军击败王党军队，将查理一世送上断头台，之后驱散议会，建立了个人独裁统治。

问题，我们只需要看看南征北战的拿破仑培养出来的军队，就可以了解这一点。从另一方面来说，经验还告诉我们，在欧洲军队中，现在还有一些仅用几发炮弹就能被打得溃不成军的军队，比如鞑靼人、哥萨克人和克罗地亚人的军队。

对于任何一种经验科学来说，它都无法使自己提出的真理总是有史例为佐证，作为一种经验科学，军事科学也是如此。这是因为如果在论证每一个真理时都引用史例就会带来过于烦琐的问题，而且具体的每个现象也难以完全论证经验的正确性。比如某种行之有效的手段在战争中被反复使用，那么因为他人的效仿，这种手段很快就会流行起来，如此一来，这种手段就得到了广泛的运用，并且能够在军事理论中占据一席之地。如果面临的是这种情况，那么理论只需要说明这种手段的由来即可，不需要再对其加以论证。

然而，如果想利用经验来质疑某种手段，或者介绍一种新的手段，情况就完全不同了。在这种情况下，就必须引用史例来加以说明。

通过对运用史例情况的观察，我们可以发现史例的作用主要有四点：

第一，可以运用史例明确地说明思想。比如作者担心自己的思想无法被人理解或者担心被人误解时，可以引用史例作为佐证，以确保自己的本意能够被人理解。

第二，可以用史例来说明如何运用思想。因为史例可以指出如何处理一些具体而微的问题，而在系统地论述一种思想时则无法顾及这些细小的问题——理论和经验的区别也在这里。

第三，可以用史例来证明自己的观点。如果只是想证明某种结果的可能性，使用这种方法就可以。

第四，通过列举一个或者几个史例，人们可以从中吸取教训。

如果是第一种用法，我们只需要简单地提出史例即可，即使这个例子是虚构的也无伤大雅。之所以这样说，是因为史例能使我们需要说明的思想更加紧密地与实践联系起来。

如果是第二种用法，我们必须比较详细地叙述史例，在这种情况下，史例的真实性也是无关紧要的。

如果是第三种用法，只需要大致描述出真实史例的轮廓即可。

比如，如果我们想要论证阵地防御工事的作用，只需要参照崩策耳维茨阵地这个例子即可。但是，如果引用某个史例是为了证明某个具有普适意义的真理，那么我们就必须细致地论述这个史例，论述得不够详细，它的说服力就越小，就越需要引用更多的史例来弥补这个缺点。比如想论述把骑兵配置在步兵后方，比让骑兵充当步兵的侧翼的效果更好，那么仅仅引用几个相关的史例——骑兵配置在步兵侧翼遭到惨败，配置在步兵后方大获全胜——是远远不够的；比如想论述在没有占据绝对优势的情况下，兵分多路对敌人发动围攻是铤而走险，那么只引用里沃利会战、瓦格拉姆会战、1796年奥地利军队挺进意大利战区，以及同年法军挺进德意志战区的例子是不够的。也就是说，为了充分证明我们的观点，我们必须说明当时的所有情况和作战的具体过程，以及当时的兵力配置形式和进攻形式产生了什么后果。

的确，我们曾经说过无法详细论述某些观点的时候可以引用多个史例，但是有时候这是一个容易被滥用的危险方法。有的人没有耐心去详细地叙述史例，只是简单地列出几个史例敷衍了事，这在表面上看起来似乎很有说服力，但是那些曾反复出现的史例即使多如牛毛也无法说明什么，因为这意味着自己能举出多少史例进行论证，别人就能举出多少史例进行反驳。如果不是全方位地论述史例，而是一笔带过，那么无论是从宏观角度看，还是从微观角度看，这样的史例都是模棱两可的。比如对于道恩指挥过的几场战争，有的人认为这是深谋远虑的结果，有的人认为这是犹豫不决的表现；1797年，拿破仑率军跨越诺里施阿尔卑斯山，有的人认为这是勇敢果决，有的人认为这是勇猛不足。这些彼此抵触的观点确实出现过，而且出现这种情况也很容易理解，因为人们对事物之间的联系的看法不同。

杰出的弗基埃尔在他的回忆录里留下了许多史例，我们对此深表感激，不但这些史料自身极为珍贵，而且他还架起了连接史例和现实生活的桥梁，也就是说，他所讲的史例是对论点的解释和说明。他这样做的目的，是用史例来阐明理论上的真理，但是对现代的读者来说，即使是最没有成见的读者也很难理解他的意图——虽然他对史例的叙述很详细，但是那并不能说明他得出的结论都是从事件的内在联系中产生的。

如果读者对批判者讲到的某些史例不熟悉，那么读者就无法意识到批判者的真意，在这种情况下，读者只能对批判者盲目信服或者完全不信。为了证明某些观点而完全再现史例无疑是困难的，我们认为，如果要论证一个观点，详尽地叙述一个史例要比简单地叙述十个史例更为有用。浅尝辄止地引用史例的批判者之所以犯下这种错误，主要是他们没有认真地深入研究过这些史例，当然，这样对待史例就会产生不计其数的错误观念和空穴来风的理论。如果批判者能够意识到新观点都应该来自事物之间的紧密联系之中，那么这种错误的观点和理论就会销声匿迹。

综上所述可以看出，最好的史例就是近代的战史，因为它们是大家都比较熟悉的。由于条件限制，那些与当今距离较远的时代的史例，对我们的实际意义往往比较小。战史与其他历史一样，某些细节会随着时间的流逝而渐渐消失；战史也与图画一样，它原先的色彩和形象会逐渐消褪，最后只能遗留一些斑驳陆离的色块和线条。

与现代战争相似的战争，尤其是在武备方面相似的战争，是从奥地利王位争夺战之后的战争，所以我们可以从中吸取教训。而在西班牙王位争夺战期间，由于火器比较落后，骑兵还是主要兵种，所以这一时期的战争对我们的借鉴意义并不是很大。同理，古代的历史对我们的借鉴意义就更小了。

第 三 篇

战略概论

第一章　战略

关于战略的概念，我们在前面已经确定过了。

所谓战略，就是以战斗为手段达到战争目的。战略只与战斗有关，但是研究战略理论的时候，必须把它和战斗的执行者——军队——联系起来。此外，与军队有关的问题也应该被列入我们的研究范畴，因为战斗是由军队执行的，所以军队必然会受到影响。那么，如何研究战斗本身呢？必须将战略理论与可能取得的战斗结果、能对战斗发挥作用的智力因素和情感因素结合起来。

作为一种为了达到战争目的而对战斗进行运用的手段，战略必须为整个军事行动设定一个标

荷兰舰队撞沉西班牙桨船

英荷海战

1652年5月到1653年8月为英荷战争的第一阶段，在此期间，双方发生的大小海战不计其数。虽然当时英国的国内局势并不稳定，克伦威尔与王党之间的斗争仍在继续，但是在第一阶段的战斗中，英军依然战胜了荷兰水师。

的，即设定作战计划，然后将为了达到这一目标的一系列行动同这个标的联系起来，也就是说制定作战方案并且部署战斗。然而这一切往往只能以预想为依据，而这些依据往往与实际情况不是严丝合缝的，至于其中涉及到的一些细节更是无法预计的，所以战略应该是因时因势而变的，在战场上运用战略的时候，必须不断地对它进行修正。

但是在实际中，人们并不是一直都是这样做的，或者说从总体上来看，人们并不是这样做的。在以往，战略通常是由议会制定，而不是由军方掌控，但是，只有当议会是大本营的时候——议会与军队的距离比较近的时候，这样做才是合理的。

理论的作用是能够阐明事物本身以及事物之间的联系，进而使某些具有普适意义的规则呈现在人们的眼前。所以说，统帅在拟定计划时，理论的作用是为战略服务。我们在第一章曾经说过，战争中需要考虑的重大问题多如牛毛，以此为基础，我们就会明白，统帅只有具备洞若观火的洞察能力才能考虑所有的问题。

如果一个国家首脑或者统帅能够在发动战争的时候，有效地利用作战手段达到目的，那么这就能说明他是一个天才。但是这种天赋并不是表现在那些能够引人注目的新的作战方式上，而是表现在战争的结果上。如果我们在作战结果中，能够发现他提前做出的预设和实际情况是相符的，整个作战行动是环环相扣的，那么我们就应该赞赏他的天赋。而作为研究者，如果从作战结果中看不出这种现象，那么他就会犯下缘木求鱼的错误——在没有天才或者不可能有天才的地方去寻找天才。

践行战略的过程中使用的都是经常被用到的平平无奇的手段或者方式，人们对此已经耳熟能详，所以人们听到评论者夸大其词时总是会感到可笑。例如在战争中频频出现的迂回战术，如果

第三次英荷战争

　　17世纪70年代,第三次英荷战争爆发,从总体结果上来看,荷兰落到了下风,虽然它在军事上并没有完全输给英国,但是自此之后它再也无力与英国进行海上抗衡。

被当成天才的表现,或者被当成有洞察力的表现、学识渊博的表现,这不是滑天下之大稽吗? 更为可笑的是,有些庸俗的评论者甚至将精神因素的作用排除在外,只是把关注的焦点都集中在物质因素上,或者说他们只是关注均势、优势、时空等因素,如果说研究战争只需要关注这几个要素,那么恐怕他们连小学生的数学题都无法解答。

　　物质事物之间的关系往往比较简单,复杂的是把握精神力量的作用,但是只有在战略层面,它才是复杂的,也就是说,只有战略接近于治国之道,或者战略与政治不分彼此的时候,把握精神力量的作用才是复杂的。精神力量对作战规模和作战方式都有影响,但是它对前者的影响比对后者的影响要大一些。

　　与战略有关的一切看似容易,但是实际上并非如此。战争形式应该是什么样的、应该如何推进战争,只有根据国家的特点确定了这些东西,才能得到结论,但是要坚定地沿着这条道路走下去,践行战略,就不能毫无主见地人云亦云,除了具备果敢强毅的性格,还需要保持头脑清醒。在那些优秀的统帅中,有的人以运筹帷幄著称,有的人以慧眼独具著称,有的人以胆识过人著称,但是似乎没有一个人因为同时具备这些品质而成为其中的翘楚。

　　与下定决心践行某个战术相比,决定践行某个战略时需要更为坚定的决心。虽然这听起来似乎匪夷所思,但是对于了解战争的人来说,这并不值得大惊小怪。因为在践行战术的时候,战局瞬息多变,即使指挥官疑虑重重,他也得冒着危险披荆斩棘地前进,就像被卷在旋涡里的人必须用尽全力求生一样;然而在践行战略的时候,所有的进程都比较缓慢,瞻前顾后的疑虑、与己不同的建议,以及悔之莫及的遗憾,这些都会发挥比较大的作用。践行战术的时候,至少有一半的情况都是我们可以亲眼所见的,但是践行战略的时候,必须依靠推断的力量,所以作战信心也会因此而比较低，这就会使大多数统帅在应该采取行动的时候踌躇不决。

下面就让我们以腓特烈大帝在1760年面对的战局为例来说明这种情况。

很多评论家认为这次战争是战略上的杰作，因为在这次战争中，腓特烈大帝机动化地有效调度了兵力。我们应该佩服腓特烈大帝什么呢？难道该佩服他飘忽不定的迂回式战术吗？难道因为这种战术，我们就可以因此认为腓特烈大帝才智过人吗？当然不是，如果我们实事求是地看待问题，首先应该赞赏的是腓特烈大帝的智慧。当力小而任重时，他从不勉强自己，而是以力量的大小决定追求的目标，不仅在这次战局中如此，在他指挥的三次战争中，我们都可以看到这一点。

在1760年，他的目标是签订一个条约以维持对西里西亚的拥有权。他只是一个小国的首脑，没有成为亚历山大大帝的可能，如果他想成为查理十二那样的人，也会一败涂地。在他指挥的战争中，我们可以看到他是如何有节制地使用武力的。从始至终，他都能保持头脑冷静，也能保持果敢，在形势危急的时候，他能将手中的力量发挥到出神入化的地步，也能使战争服从政治上的变动——哪怕是最轻微的变动。无论是荣誉感、复仇心理，还是虚荣心，都无法使他偏离正轨，无法

阻止他在正确的道路上一往无前的步伐。结合腓特烈大帝获胜的原因，再仔细观察他获得的辉煌战绩，我们就会看到，正是他慧眼独具，所以才避开了一片片的险滩。

处于西班牙欺压之下的荷兰

虽然英荷战争之后，荷兰在历史舞台上不再扮演主角，但是这个国家在人类文明进程中毕竟发挥过重要的作用。荷兰没有独立之前，处于西班牙帝国的控制之下，从1568年到1648年，荷兰人进行了长达80年的抵抗才获得独立。这场战争对后来的英国内战和美国独立战争，都产生过重要的影响。

英国内战

英国内战爆发之后,英国南部的锡利群岛于1651年对荷兰宣战,这场战争持续了335年,直到1986年才结束,堪称世界上时间最长的战争,但是在这场战争中,双方并无人员伤亡,甚至没有放过一枪一炮,是一场非常奇怪的战争。

能够机动化地有效使用有限的兵力,这是我们佩服腓特烈大帝的一个原因。他的这种特点虽然在所有的战争中都有展现,但是在这次战争中,他的这种特点表现得尤其突出。

我们钦佩腓特烈大帝的另外一个原因,是他在践行战略的过程中克服了重重困难。

腓特烈大帝为什么要采取迂回战术? 他为什么要集中优势兵力,灵活作战,将兵力占据优势地位的敌军各个击破? 其中的原因很容易想到(腓特烈大帝的兵力有限)。这种方式并不值得我们大惊小怪,我们只能认为这些东西都是很简单的。但是,即使一个像腓特烈大帝一样出色的统帅,都无法让这一切重演。

许多曾经亲眼看到过1760年战争的理论家,在时隔很久之后仍然心有余悸,说腓特烈大帝的野营方式是逞暴虎冯河之勇,甚至可以说这是草率之举。当腓特烈大帝野营时,当他的军队在敌人的火力范围之内行军时,确实是危险至极。他敢于如此,是因为他对道恩的作战方式和性格有很深的了解,所以他所做的这一切并不是轻率之举。三十多年之后,当很多人谈到他当时面临的危险依然心有余悸时,他却在当时敢于冒险,也是因为他有果敢而坚定的意志。如果面临的处境和他是一样的,应该没有几个统帅会相信他采用的简单手段能够奏效。

路易十五

　　在中世纪以及近代，称雄西欧的强国除了英国，还有法国。路易十四执政时，法国执欧洲之牛耳，几乎无人能与之抗衡。路易十四去世之后，他的曾孙路易十五继位，执政初期，路易十五深受法国人民喜爱，但由于无力改变法国的君主制和对外绥靖政策，他渐渐失去了人民的支持，在去世之后成了法国最不得人心的国王之一。

在1760年的战争中,腓特烈大帝的军队在有拉西的军队尾随的情况下,曾两次(7月和8月)咬着道恩的军队不放,沿着崎岖难行的道路从易北河开赴西里西亚。必须持续不断地行军,也是腓特烈大帝当时面临的另外一个困难。由于随时都有开战的可能,所以腓特烈大帝必须谨慎而巧妙地行军,这也意味着军队将会很疲劳;虽然随行的队伍中有几千辆辎重车,但是队伍的整体供给依然严重不足。

在西里西亚地区,当腓特烈大帝的军队在投入莱格尼察会战之前,曾连续急行军长达八天,在此期间,他们甚至还在敌军的火力范围内行军。这一切不会成为作战的阻力吗?难道统帅能够向测量员转动测量仪器那样,轻而易举地调动兵力吗?难道统帅在看到部下疲惫不堪的时候能无恻隐之心吗?难道他听不到军队因为疲惫而产生的载道怨声吗?作为一个凡夫俗子,谁有勇气在这种情况下还能发出急行军的命令呢?如果没有对统帅的信任,这么劳累的行动难道不会压垮队伍吗?我们之所以钦佩腓特烈大帝,钦佩他创造出来的奇迹,这也是一个重要原因。然而只有亲自体会过这一切的人,才会理解这一切。那些只会纸上谈兵的人,或者只是经历过军事演习的人,是不会理解这一切的,但愿他们能从我们讲到的这些中领会到他无法凭借自己的经验得到的东西。

在论述战略的时候,我们主要讨论的,是那些我们所认为的重要的战略因素——无论是精神的还是物质的。我们进行论述的方法是先部分后整体,然后以各部分之间的联系——战争计划和战局计划——作为收尾。

将军队驻扎在某个地区只能说明这里可能发生战斗,而不是肯定会发生战斗,能不能将这种可能性当成现实性呢?如果说这种可能性能够产生一定的效果,我们就可以将这种可能性当成实际的战斗。

比如,如果我们截断敌人的退路,敌人就不战而降,那么就可以说正是因为我们派遣的这支准备进行战斗的军队,使敌人决定不战而降。再比如,我们的军队占领了敌人某个没有设防的战备区,从而夺取了敌人的战备力量,那么我们占领这个地区之后就可以使敌军知道,如果想夺回这个地区,就必须与我们展开战斗。

在这两种假设的情况中,虽然战斗只是一种可能,但它也产生了实际的效果,所以这种假设可以被当成实际的战斗。如果说在这两种情况中,敌军集结优势兵力打算进行反攻,迫使我军望风而逃,这也并不能说我们原打算进行的战斗没有效果,因为它吸引了敌人的兵力。

战斗的双重目的

战斗效果有直接、间接之分。如果某次战斗不是以消灭敌军为直接目的,而是通过其他活动来间接地达到目的,那么这种战斗的效果就是间接的。直接的战斗目的是夺取城池、要塞、桥梁、仓库等,但是直接目的并不是最终目的,它们只是逐渐取得优势地位的一种手段,目的是在敌人没有回击之力的时候发动战斗。

路易十四（右三）给幼年的路易十五授课

路易十五极为敬佩路易十四，称其为"我亲爱的国王爸爸"。虽然路易十四一生穷兵黩武，但是他临终时曾召见路易十五，告诉他应该爱惜民力，做一个关心人民疾苦的好国王，尽量不要进行战争。

　　比如1814年，巴黎沦陷，联军达到了作战目的，并且引发了产生于巴黎的政治地震，迅速使拿破仑的权势土崩瓦解。按照我们的观点：政治地震迅速削弱了拿破仑的兵力和抵抗能力，联军的优势则随之飙升，随后才能迫使法国媾和。如果当时联军的兵力因为某些原因被削弱了，那么即使他们占领巴黎也不会产生太大的效果。

　　我们在上述讨论中分析了一系列的概念，是想指出这些概念是很重要的，因为这些概念是对事物的本质的认识。以这种认识为基础，在战争中，我们就会考虑敌我双方之间的大小战斗会产生什么样的后果。也只有在考虑这个问题的基础上,我们在制订作战计划的时候,才能确定在最开始应该采取什么措施,否则我们就会犯错误。如果一叶障目,没有将战争中的各个战局看成一根链条上的各个环节,人们就不会考虑暂时的胜利是否对将来有利。

事实上,这样的错误在战争中屡见不鲜。在商业活动中,商人无法将某次商业行为获得的利益存放起来不加利用,同理,在战争中,我们也不能把某次胜利排斥在整个战局之外;因为商人必须将利润再次投入商业活动,在战争中,我们只有考虑最终结果,才能评判各个行动的得失。如果指挥官始终将智力应用到一系列的战斗上,那么他就是始终在胜利的道路上前进。这就像力的运动具有一种正确的而不受外界影响的速度,也就是说,在这种情况下,意志和行动就是一种正确而不受外界影响的动力。

路易十六

路易十六是路易十五的孙子，1774年至1792年间的法国国王，也是法国历史上唯一一个被处死的国王。

第二章 战略要素

如何运用战斗,取决于战略要素。一般而言,战略要素可以分为精神要素、物质要素、数学要素、地理要素和统计要素。

精神要素包括精神要素本身及其相关作用;物质要素包括兵员数量、军队编制、兵种比例等;数学要素包括战线的构成角度、向心运动和离心运动等;地理要素包括山川河流、运输线路等;统计要素主要包括物资补给手段等。

为了对这些要素形成明确的认识,并且能够客观地认识这些要素的价值——去除那些被夸大的价值——我们有必要对这些要素进行考察。比如,作战基地只与战线的构成角度有关,但是基地的价值并不是由战线的构成角度决定的,而是由战线通过的道路或地区的情况决定的。在军事行动中,这些要素之间的联系是纷繁复杂的,如果有人想根据这些要素来研究战略,这将是不切实际的,他们必然会在脱离实际的情况中徒劳无功。上帝保佑吧,那些理论家千万不要这样做。我们不想离开现实世界,也不愿使我们的思想超过读者所能理解的范围——我们的思想不是空中楼阁,而是从实际的战争中得来的。

第三章　精神要素

关于战争中最为重要的要素之——精神要素，我们之前讨论过，现在我们再来详细谈谈。在战争领域，精神要素无处不在，但是我们在所有的著作中都难觅它们的踪迹，因为它们既无法用数据的形式表达出来，也不能划分等级，只能感知到它们的存在。

军队的武德、统帅的才能、政府的智慧和素质、民心向背、失败或者成功引发的精神作用……这些东西都是迥然相异的，对我们的作战目的和所处的环境也会产生迥然不同的影响。虽然在别的著作中，这些问题很难得到论述，或者根本无法进行论述，但是它们仍然属于军事理论的范畴，仍然是构成战争的主要因素。如果有些思想落后的人，把精神要素阻挡在规则和原则的大门之外，只是将它们视为一种偶然性的东西；或者削足适履，强行将精神因素归结为规则和原则；或者说这些因素只属于天才；那么由此得出的就是一种干瘪无味的哲学。

退而言之，即使军事理论的作用，只是让人们注意到精神要素，只是能让人们意识到考虑精神要素的重要性，这就已经能够将军事理论的范围扩大到精神领域了；如果人们能够对此有明确的认识，这也就等于在理论的法庭上，预先对那些企图利用物质力量为自己辩护的人做出了判决。物质力量和精神力量的作用是水乳交融的，不可能像分解合金一样利用化学方法把它们分开，即使只是为了确立规则，理论也不应该将精神要素拒之门外。所以，在利用理论为物质力量制定规则时，必须为精神要素留出一席之地，否则，规则就会变成僵化的条文。即使有些人对精神要素抱着退避三舍的态度，他们也会在不知不觉中触碰到精神要素，因为拒斥精神要素，就无法从根本上说明任何问题——例如我们讨论胜利所产生的影响时就会出现这种现象。所以我们在这一篇中谈到的大部分问题，既涉及物质的原因和结果，也涉及精神的原因和结果；或者说，前者是普通材质铸成的剑柄，后者才是贵重金属铸成的锋刃。

最能体现精神要素的价值和作用的，莫过于历史，这也正是统帅能够从历史中汲取的最为宝贵的精神财富。我们原本可以面面俱到地考察战争中最为主要的几种精神要素，但是喋喋不休的叙述有时候容易流于庸常，从而使人容易忽视问题的本质所在，最终将注意力消耗在那些常见的东西上。为了避免这种情况的出现，我们在这里宁愿采取择其精要的叙述方式，使人们都能意识到精神要素的重要性。

第四章　主要的精神力量

主要的精神力量,指的是统帅的才能、军队的武德和精神。其中,哪一种精神力量最有价值呢？我们必须知道,分别指出这些精神力量的价值已经相当棘手,何况是对它们的价值一较高下,所以任何人都难以对它们的价值高低妄下定论,最好的做法就是不要重此轻彼,而是应该一视同仁,用充分的史例来分别说明这三种精神力量的作用。

目前,欧洲各国的军队在技能和训练方面的水平基本上是一样的,通行的作战方法也没有太

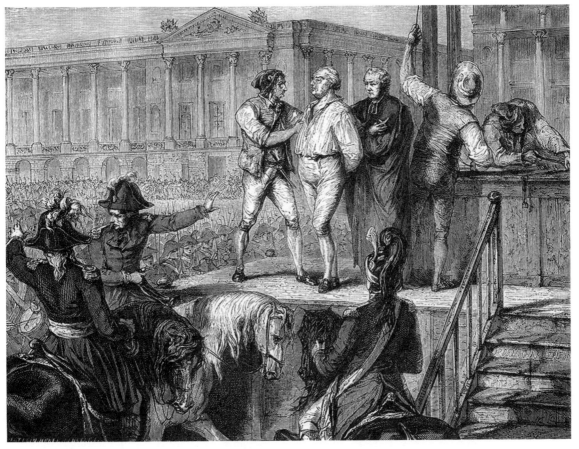

被送上断头台的路易十六

路易十六是个善良的人,但是性格优柔寡断,缺乏主见,难以做到用人不疑,在任期间频繁更换首相和部长,致使内阁发生内讧,并进而使法国因为财政危机而爆发了法国大革命。1792年,路易十六因密谋叛国罪被送上断头台。

大的差别。按照理论家的说法，发展到这一步，似乎不可能再期待统帅能有什么创新。在这种情况下，军队的精神和战争锻炼所起的作用比之以往就大得多。

　　在山地（游击）战中，由于需要每个士兵独力行动，所以军队的精神（斗志、信念、狂热）在山地战中表现得最为明显；在平原地带，需要的则是军队的娴熟技能和经过锻炼的勇敢精神。在山地，让统帅指挥所有的军队显然力有不逮；在平原地带，指挥军队的难度会降低，无法充分发挥统帅的才能；只有在介于二者之间的丘陵地带，统帅的才能找到大展拳脚的舞台。

第五章　军队的武德

武德与单纯的勇敢不同,也不同于对战争的热情。

虽然勇敢从属于武德,但是军人之勇不同于凡人之勇。凡人之勇是一种天赋,而且往往不受节制;军人之勇则可以经由训练习得,并且必须服从更高的要求——服从命令,遵守纪律和规则。

对战争的热情虽然能为武德增添生命力,但它并不是武德的组成部分。作为一种特殊的活动,战争与人类的其他活动是不同的。就个人而言,武德的表现是能够深刻理解战争的精神实质,激发、吸取各种战争活动中必须的精神力量,投入自己所有的才智,通过军事锻炼能够使自己敏捷而正确地行动,从一个普通人转变成一个合格的军人。

即使在一个社会中每一个人既是公民又是战士,即使战争具有最高程度的全民性质,它的特殊性也不会有丝毫改变。也就是说,只要战士这种职业继续存在,他们就会把与自己并肩作战的人看成一个团体,而战争中的精神要素的作用,就是通过这个团体的制度、规章和习惯体现出来的。所以,当我们从纵观全局的角度看待战争的时候,如果对这种团体精神视而不见或者多多少少地加以回避,那将会是一个很大的错误。武德之所以成为武德,就是因为这种团体精神能够将组成武德的各种要素黏合在一起。

一支军队如果能在猛烈的炮火下依然井然有序;不畏惧想象中的危险,也不害怕现实中的危险;在胜利时能够感受到荣誉感,在失败时能听从指挥,败而不溃;面对艰辛劳累时,能够像运动员锻炼肌肉一样,从中汲取奋发向上的勇气,将困难当成砥砺意志的磨刀石;能够始终将军人的荣誉感放在心头;那么这样的一支军队就是一支有武德的军队。

然而,这并不是说没有武德就无法获得胜利,事实上,即使没有武德,也可以像旺代人那样骁勇善战,可以像瑞士人和美国人那样建立宏图伟业,甚至可以像欧根和马尔波罗那样无往不利。之所以要强调这一点,是为了使我们在这里提出的概念更为明晰,不至于使其成为泛泛之谈,或者夸大武德的作用。其实,武德并不是意味着一切,它是一种特殊的精神力量,可以拿出来单独考虑,如同一件工具一样,它的作用是可以衡量出来的。

那么,武德有哪些作用? 通过什么途径才能获得武德呢?

统帅无法指挥军队中的一切,对于无法指挥的部分,就必须依靠武德的力量。从这个角度来说,武德与军队的关系,就好比统帅的天才和军队的关系一样。选拔统帅的时候,我们需要考虑他的才智为他争取到的声誉,选拔指挥官的时候也必须对他们进行仔细的考察,指挥官的等级越低,

网球场宣誓

法国大革命前夕，路易十六为了防止第三等级作乱，派兵封锁议会，禁止第三等级入内。于是第三等级的代表在议会附近的一个网球场冒雨集会，代表们在议长巴伊的带领下郑重宣誓：不制定和通过宪法就绝不解散。

对他们的考察标准就可以相应地降低，考察标准越低，对个人才能的要求也可以相应地降低，但是他们必须拥有相应的武德。

如果一个民族中被武装起来的民众具有勇敢、机智、热情等特质，这些特质就可以被当成武德使用。

由此可以看出两点：

第一，只有常备军需要武德，而且它最为需要武德；民众武装的天赋可以取代武德，而且在战争时期，这种天赋能够被迅速加强。

第二，常备军与民众武装作战时，比常备军与常备军作战时更需要武德，因为民众武装一般比较分散，常备军在与其作战时需要更多地发挥独立性；即使一支常备军的武德不足，但是当它能够集中作战时，统帅的天赋也能够弥补这个缺陷。一般来说，战况越复杂，越是需要分散使用兵力的时候，就越需要常备军具有武德。

结合这两点我们可以得出一个结论：如果军队在武德方面有缺陷，常备军外强中干，就应该尽量简化作战形式，也应该用其他的精神要素来替代武德的作用。我们看一看亚历山大的马其顿军团、恺撒的罗马军团、法尔涅的西班牙步兵军团、阿道夫和查理十二的瑞典军团、腓特烈大帝的普鲁士军团、拿破仑的法国军队，就可以知道武德在战争中的作用有多大。如果谁否认这种情况，就是有意对历史事实视而不见。

那么，武德的源头是什么呢？武德的主要来源有两个，而且只有它们汇集在一起的时候才能产生武德。第一个来源是这支军队必须身经百战，而且取得了一连串辉煌的战果；第二个来源是军队能够从经常面临的困难中意识到自身的力量。当一个统帅惯于向部下提出要求的时候，就说明他倾向于相信这些要求都可以实现，而他的部下在克服了重重困难之后，也会产生荣誉感。因此，艰难险阻是萌生武德的土壤，只有在胜利之水的浇灌下，武德才能茁壮成长，一旦它成为参天大树，就可以抵御厄运的风暴，即使在和平时期，它也可以不至于使军队懈怠腐化。

虽然只有在战火的锤炼和伟大统帅的带领下才能产生武德，但是一旦武德生根发芽，即使这支军队此后处于凡庸统帅的带领下，它也可以在长时间内屹立不倒。那些经由条令结合在一起的军队的狂妄自负，和一支身经百战的军队所具备的武德，是无法相提并论的；虽然条令有助于维持武德的生命力，但是它并不是产生武德的基础。当然，条令的价值是不可否认的，军队在和平时期所习得的技能、所建立的秩序以及意志也都是应该珍惜的，但是它们无法单独发挥作用，这种锻造于和平时期的军队，即使斗志再高昂，一旦遇到挫折，也会很快兵败如山倒，就像一块因为寒冷而变脆的玻璃，一道裂缝就可以使它分崩离析。只有统帅具有强大的意志，才能使这样的军队有所作为，在没有经历过真正的战火锤炼之前，统帅必须小心谨慎。

第六章 胆量

在建立军事理论的时候，不能为了制定法则而限制胆量的作用。在精神要素中，胆量具有什么样的地位？它能够发挥什么作用呢？

攻占巴士底狱

1789年5月，为了解决财政危机，路易十六召开议会，企图向第三等级征税，但是第三等级拒绝这一提议，并且要求限制王权，同年6月，路易十六准备动用武力驱散议会，7月14日，巴黎人民攻占巴士底狱，法国大革命由此爆发。

作为一种能够在战争中克服危险的利器，胆量在战争中是一种独特的有效因素。除了战争，人类活动中还有哪一个领域能给予胆量这样的地位呢？

胆量就像锻造刀锋的精钢，对于军人来说，下自辎重兵和号兵，上至统帅，它都是一种难能可贵的品格。除了对时间、空间和数量的计算，胆量在战争中的作用也是比较大的，当其中一方的胆量高于对方时，对方的怯懦就会为敌人提供可乘之机。

怯懦会使人丧失冷静，所以勇敢的人与懦弱的人对阵时有战胜对手的可能，然而当勇敢的人与谨慎的人对阵时，就有可能失去优势，因为有时候谨慎也是一种胆量，能够发挥和胆量同样的作用。不过这种情况比较罕见，因为谨慎往往意味着瞻前顾后的怯懦。

培养军队的胆量，与让军队发挥其他精神要素的作用是不冲突的，因为处于条令规章控制下的军队，是受到指挥官的思想支配的，在这种情况下，胆量是蓄势待发的，就像被压紧的弹簧一样。指挥官的等级越高，在使用胆量的时候就越得三思而行，只有这样才不至于使胆量变成盲目的冲动。之所以说指挥官的等级越高越需要三思而行，是因为一个人的地位越高的时候，他个人的牺牲就越少，与他人有关的牺牲则会更多地受到他的影响。如果说服从是军人的第二天性，那么指挥官就应该受到深思熟虑的约束。

如果指挥官在战争中将胆量作为唯一的依靠，那他就会犯错误，但是这种错误情有可原，就像杂草茂盛是土壤有肥力的证明，不能把这样的错误和别的错误同样看待。即使是暴虎冯河之勇，我们也应该加以正视，因为这也是一种胆量，只是它脱离了理智的控制。只有当军队使用胆量时与必须服从的天性相抵触，并且对指挥官正确的意志视而不见的时候，我们才可以将胆量视为一种危害。

在指挥层的认识很合理的前提下（必须采取行动的时候），瞻前顾后的危险更甚于铤而走险。关于这一点，只要稍微提及，读者就会明白。按照常理，只要目的合理，胆量就会随之而生，胆量本身的价值则会随之降低，但是事实与此恰好相反。

在思想明确、理智占据优势的前提下，感性因素就会居于弱势地位。从这个意义上说，指挥官的等级越高，胆量就越小。如果一个指挥官的才智无法与他所处的地位相匹配，那么客观情况对他们的压力就是非常大的，因为这意味着他们的才智无法处理压力。法国有句谚语："在次要位置上流光溢彩，在主要位置上则会黯然失色。"那些被认为优柔寡断的统帅，在职位较低时几乎个个都以果敢著称。

有时候铤而走险是必要的，我们必须搞清楚这种必要性。如果采取行动是箭在弦上，当事人在达到目的的过程中如果不现在冒险，将来就得冒更大的风险，那么我们就应该赞赏他的果断。如果一个年轻人为了表现骑术跃过壕沟，这说明他有胆量；如果一群土耳其士兵在后有追兵的情况下跃过壕沟，这就说明他们是果断的。反之，如果采取行动并不是很迫切，必须三思而行，那么必要性对发挥胆量的作用的影响就比较小。

1756年，腓特烈大帝看到发动战争是必要的，于是他决定先发制人，抢占先机。这说明他是有胆量的，在他这样的处境中，只有少数人才敢这样做。

虽然战略是统帅考虑的事情，但是从战略意义上来说，其他人的胆量和武德都是很重要的。一个骁勇善战的民族总是能培养出敢于冒险的军队，即使这支军队没有武德，它也能建立有武德的军队才能建立的功勋。在统帅中，胆量是一种很少见的东西，正是如此，它才显得物以稀为贵，也值得我们赞赏。卓越的才智与胆量的珠联璧合，是英雄人物的印记，在才智的指导下，胆量的表现是遵从事物的规律而不是反其道而行之，能够迅速给做出的决策提供有力的依据。胆量对才智的鼓舞越大，才智所能发挥的作用就越大。但是我们必须知道，追求的目的越大，风险也就越大。在远离危险和责任的情况下，闭门造车的普通人能够得出一些正确的结论，但是面临危险和责任的时候，（因为没有胆量）他就会丧失判断能力。

刺杀路易十六

路易十六上断头台的前一天曾遭到刺客突袭，这幅画描述的就是当时的场景。

胆量是成为一个优秀的统帅必须具备的条件，没有胆量就无法成为优秀的统帅。胆量可以由后天习得，也会发生改变，当一个人职位提升的时候，他的胆量一般会相应地降低，升到某个位置上的时候，他的胆量还能剩下多少，这是另外一个问题。不过，剩下的胆量越多，他能创立的功勋就越大——因为冒险精神和追求的目标是成正比的。

对于批判者来说，迫不得已的行动或者是为了满足荣誉感而采取的行动，腓特烈的行动或者是亚历山大的行动，这些都是一样的。如果说亚历山大的行动因为胆大更能激发人们的勇气，那么腓特烈大帝的行动则会更多地使人意识到理智的力量。

接下来我们将要考虑另外一种情况。

一支军队能够拥有胆量，可能是因为产生这支军队的民族本身就是有胆量的，也可能是有胆量的指挥官通过战争锻造了军队的胆量。在如今这个时代里，除了依靠胆量进行的战争，几乎没有其他途径可以使一个民族锻造出胆量；而且也只有依靠这种战争才能抵挡使一个民族腐化堕落的因素；只有在战争中不断锤炼民族性，才能使一个民族在世界上据有一席之地。

路易十六的王后玛丽·安托瓦内特

路易十六在位期间,总是受王后玛丽·安托瓦内特摆布,由于王后本人不懂政治,又追求奢华的享受,大肆挥霍,极大地耗费了法国的财力,所以人们称她为"赤字夫人"。

第七章 坚忍

在战争中,事实和想象几乎是迥然相异的,在其他的人类活动中,没有任何一种活动像战争这样。

建筑师可以先设计图纸,然后看着建筑物按照图纸被逐渐建立起来;与建筑师相比,医生遇到的偶然性的突发情况会多一些,但是他对医学手段的用法仍然是很熟悉的。而在战争中,统帅面临的突发情况则多得多,比如真假难辨的情报、由于情绪波动而造成的疏失或者抗命行为。虽然有时候他们也会得到一些令人振奋的消息,但是大多数消息都是令人忧虑难安的。在这样的处境中,他们必须有效利用在长期的战争中获得的经验,必须依靠勇敢和坚强坚忍不拔地对抗外界的

瓦尔密战役

法国大革命爆发之后,经过政治角逐,吉伦特派掌握了法国政权。当时,普奥联军趁法国局势混乱发动进攻,企图扑灭革命力量,但是法国进行了坚决的抵抗,在瓦尔密战役中击败了普奥联军。

法国大革命

以如今的视角来看，法国大革命对人类社会的发展具有巨大的推动作用，但是在大革命期间，法国社会曾经在长时间内处于混乱无序的局面，法国历史学家伊波利特·泰纳在《现代法国的起源》中曾详细地描述过当时法国社会混乱的局势。(见《现代法国的起源：大革命之大混乱》)

冲击，如果他们在这些压力面前缴械投降，那么他们就会一事无成。所以，一旦他们确立了某个目标，只要还没有充分的理由能够推翻这个目标，他们就必须咬紧牙关，一往无前。事实上，在战争中想要有所建树，就必须具备坚忍的精神以克服重重艰难险阻。

罗伯斯庇尔

　　1792年秋，法国物价飞涨，人民群众要求政府严惩投机商，但是吉伦特派拒绝人民的请求，并颁布法令予以镇压。1793年初，以英国为首的各国建立反法联盟进攻法国，法国国内也发生了大规模叛乱。在此形势下，法国人民发动起义，推翻吉伦特派，拥护以罗伯斯庇尔为首的雅各宾派上台。

第八章　数量优势

　　无论是在战术上，还是在战略上，数量优势都是一种在普遍范围比较有效的制胜因素。所以我们在考察数量优势的时候，首先应该从它的适用范围入手。

　　作战时间、作战地点以及投入多少兵力，这些都是由战略规定的，而且经由战略规定的这些东西会对战斗结局产生十分重要的影响。如果在战斗过程中运用了战术，那么无论结果是胜是败，战略都能够以战争目的为依据来运用这种结果。

　　一般而言，战斗结果和战争目的之间，存在一些过渡性的目的，虽然这些目的的最终指向也是战争目的，但是它们往往是作为一种手段——对于更高的目的来说，它们就是一种手段——表现出来的，所以说战斗结果和战争目的之间的关系往往是间接的。

　　如上所述，作战时间、作战地点以及投入多少兵力，都是由战略规定的，掌握这些东西并不是轻而易举的事情。运用战略规定这些东西的时候，方法是多种多样的，结果也是多种多样的，所以我们必须对这些东西进行详细研究。

　　如果不考虑战斗的意义、产生战斗的条件和军队的素质，那么战斗就成了一种抽象的概念。在这个抽象的概念中，敌我双方之间唯一的区别就是军队的数量，从这个角度上来说，数量就是决定胜负的唯一条件。如果考虑那些没有被纳入考虑范围的因素，我们可以看出，数量上的优势只是制胜因素之一，并不是在兵力上占据优势就可以无往不利，甚至可以说兵力优势并不是克敌制胜的决定性因素。然而，如果兵力上的优势是一倍、两倍、三倍……那么照着这种趋势增加下去，而且在这种优势能够抵消其他条件所起的作用的前提下，兵力优势必定会成为压倒一切的决定性因素。由此可以得出一个结论：利用兵力优势这个条件的时候，必须在决定性的战斗中尽可能多地投入兵力。这是战略层面上的最重要的原则，也是最具有普适意义的原则。

　　为了能进一步说明这个问题，我们接下来将结合欧洲的军事情况进行说明。

　　在军队编制、武器装备和作战技能等方面，欧洲各国军队的条件都是比较相似的，只是在军队的武德和统帅的才能方面出入较大。即使我们翻遍欧洲的战史，也不可能找出像马拉松战役那样的战例。腓特烈大帝在勒登以三万人击败八万敌军，在罗斯巴赫以两万五千万人击败五万敌军，这种与拥有一倍或者一倍以上的敌军作战而能获胜的例子是绝无仅有的。纳尔瓦会战期间，俄国人还不能被看成欧洲人，而且相关的历史记载语焉不详，所以我们也不能引用查理十二的战例。在德累斯顿战役中，拿破仑曾经以十二万人击破二十万敌军，但是敌军占有的兵力优势不到一

马拉之死

马拉是雅各宾派的核心领导者之一，但是此人残忍嗜血，往往轻率地将许多人送上断头台。1793 年 7 月 11 日，一位反对暴政的女士借口商谈要事，进入马拉的寓所将其刺杀。在一定程度上，马拉的死亡也是雅各宾派从上台到倒台的一个缩影，因为雅各宾派的倒台，主要就是这个政党推行的恐怖政策引起了人民的不满。

倍。在科林战役中,腓特烈大帝以三万人对抗五万敌军,但是没有成功。在战况激烈的莱比锡会战中,拿破仑以十六万人对抗二十八万敌军,同样没有成功。

由此可见,在目前的欧洲,即使一个统帅的才智再高,也无法击溃兵力一倍于己的敌人。在战争的天平上,占据一倍优势的兵力能够压倒最伟大的统帅。如果能看到这一点,我们就能知道,在常规性的战争中,即使其他方面的条件再不利,只要占有兵力优势——即使兵力不超过一倍——就可以获得胜利。可能有的人会说,只要占据雄关险隘,即使敌人的兵力是自己的十倍也无济于事,但是这根本算不上是战斗。

由此我们认为,在目前的情况下以及与此类似的情况下,在具有决定性意义的作战地点尽可能多地投入兵力是十分重要的。当然,在这种作战地点投入多少兵力,这取决于军队的绝对数量和使用军队的技巧。

长期以来,人们并没有正视兵力优势的作用。在大多数战史中,理论家或者对兵力优势这个问题避而不谈,或者只是一笔带过,即使在18世纪的战史中也有这个问题。滕佩霍夫最早注意到了这个问题,在论述七年战争的时候曾一再谈到这个问题,但他的论述不够深入。马森巴赫在谈论普鲁士军队于1793年和1794年在孚日地区展开的战争时,对于地理问题谈论了很多,但是对于兵力优势这个问题则只字不提。有的理论家还有一个怪异的想法,他们认为投入多少兵力应该有一个理想化的固定的标准,如果超过这个标准,投入的兵力过多非但无益反而有害。有的人因为不相信兵力优势的作用,所以没有尽可能多地投入兵力,像这样的史例更是多不胜数。

集中优势兵力可以无坚不摧、无往不利,如果人们确信这一点,那么这个规则就会在战争的准备活动中有所体现,也就是说,人们在作战的时候,会尽可能多地投入兵力,以便占据兵力优势。

兵力的绝对数量是由什么决定的呢? 由政府决定。在军事活动中,由政府决定的兵力的绝对数量,是军事活动真正的起点,在军事活动中,这也是一个非常重要的战略问题。在大多数情况下,统帅却必须将绝对兵力的数量设定在一定的范围内,因为他或者没有决定绝对兵力数量的权力,或者是客观条件不允许他将兵力扩大到足够的程度。但是在这种情况下,即使在战争中无法占据绝对优势,他也必须通过机动化地使用兵力,以图在具有决定性意义的作战地点占据相对的优势。

这样来看的话,对于空间和时间的计算似乎就是最重要的,所以有的人认为在战略上进行这种计算的时候,与如何使用军队有关的问题应该被囊括其中。还有的人认为,优秀的统帅应该具备能在战术上和战略上进行这种推算的天赋。然而,对于时间和空间的计算,虽然在任何场合都是一种最基础的计算,但它并不是最困难的和最具有决定性意义的。

在时间和空间方面的计算引起的失误而导致战事失利,这种事在战略上是极为罕见的,如果我们能够客观地阅读战史,很容易就可以发现这个问题。如果一个果敢的统帅能够机动化地使用兵力(比如腓特烈大帝和拿破仑),那么他就能以快速行军为手段分别击败敌军。我们在分析这些战例的过程中,如果非得结合时间、空间等概念来进行说明,那么我们就会在这些夹缠不休的概念上做很多无用功。所以我们必须用确切的名称来称呼这些事物,以便明确这些概念。

腓特烈大帝之所以能够击败道恩，拿破仑之所以能够击败施瓦尔岑堡亲王，是因为他们对战局进行了正确的判断，敢于用少数兵力与敌军对战，能够调动军队的士气进行强行军，在必要的时候敢于发动突袭，面临危险的时候能够保持头脑清醒。这一切与正确计算空间、时间的能力有什么联系呢？在防御战中，一些伟大的统帅往往依赖于反跳式[①]的战术，比如罗斯巴赫和蒙米莱在击败敌军之后趁势反跳，分别攻取勒登和蒙特罗，但是这种现象也是极为罕见的。

我们在上面说过如何获得相对优势，也就是在具有决定性意义的会战地点集中优势兵力击溃敌军。这就意味着必须慧眼独具，能够准确地判断出具有决定性意义的作战地点，为军队设立正确的目标。同时，这也意味着在此时必须舍小取大（为了集中优势兵力，不得不有所放弃）。腓特烈大帝和拿破仑就是这方面的最好的例子。

至此，我们已经阐明了优势兵力的重要性。无论何时何地，这都是战争活动的首要原则，也是我们应该尽力做到的。然而，如果认为这是获得胜利的必要条件，那就是误解了我们的意思，因为我们只是想指出集中优势兵力的重要性。如果说兵力不足，那么我们是不是就应该避战呢？这应该根据总体情况来决定。

---

① 反跳是一个力学上的名词，克劳塞维茨将其引用到战术上，指的是先打败眼前的敌人，然后返回来打败背后的敌人。——译者注

拿破仑

　　继雅各宾派之后掌握法国政权的是由热月党人组成的督政府,督政府执政期间,军人势力有所抬头。1799年11月9日,拿破仑发动政变,结束了督政府的统治,建立了临时执政府,自任执政。

第九章 出其不意

出其不意，是获得我们上面所说的相对优势的基础之一。在战争中，几乎所有的军事行动都必须做到出其不意，如果做不到这一点，要想在具有决定性意义的作战地点得到相对优势几乎是无法想象的，也就是说，出其不意是获得相对优势的一种手段。除了物质效果，从精神效果上来看，出其不意的作战方法也有很大的作用，因为它可以使敌人陷入混乱、士气低迷——显然，这对扩大战果是极为有利的。关于这一点，有数不尽的例子可以为佐证。

出其不意有狭义和广义之分，狭义的出其不意，指的是进攻活动中的突袭，广义的出其不意还包括在防御活动中，通过调配兵力的方法达到迷惑敌人的目的，在战术防御活动中，这一点尤其重要。的确，战争中的一切活动必须以出其不意为基础之一，但是采取这种行动的性质和条件是不同的，所以采取这种行动的效果也是不同的。事实上，因为军队、统帅和政府在各方面的特点不同，这些东西早就决定了采取出其不意的行动的差别。

隐秘和迅捷，是出其不意的两个必备因素，只有在统帅和政府有一往无前之魄力和军队能够令行禁止的前提下，才能做到隐秘和迅捷，犹豫不决和怠慢迟缓则是出其不意的大敌。出其不意是我们必须做到的，作为一种不可缺少的东西，它也是有实际效果的，但是能够成功做到这一点的却是凤毛麟角。所以，如果认为利用这种手段就能在战争中斩获良多，那是一种错误的想法。在想象中，这种手段是有很大的诱惑力的，然而在实际行动中，因为重重阻力，做到这一点却是举步维艰。

在战术上，我们对时间和空间的考虑是有限的，所以做到出其不意比较容易。从这个角度来说，当战略接近于战术的时候，做到出其不意比较容易；当战略接近于政治范畴的时候，做到出其不意就比较难。发动一场战争并非一蹴而就，这个过程需要耗费好几个月的时间，在此期间，我们需要调动兵力，需要建立军用物资补给站，需要大规模行军，这些动向很快就会被敌人得知。所以，一个国家遽然之间向敌国挑战，或者能够在短时间内大举进攻敌国的现象是很少见的。

在17世纪和18世纪，围攻曾经是一种主要的战术，那时人们过于依赖围攻战术，也曾力图实现在短时间内围攻某个要塞，但是很少有人成功。如果一次军事行动能够在短时间内完成，那么做到出其不意的可能性就比较大，比如抢先行军、抢先攻占某个要塞或者交通要道，这些都比较容易做到，但是这样做一般无法获得较大的成功，所以说这种小规模的突袭行动的成果一般都是比较小的。当然，历史记载中往往有夸大其词的成分，在研究历史的过程中，我们应该注意到这一点。

1761年7月22日，在西里西亚战争中，腓特烈大帝在向尼斯附近的诺森进军时因为抢占先机，比劳东将军先到一步而名噪一时，这些行动也因此被许多理论家引用，作为突袭行动的一个典型例子。根据他们的说法，腓特烈大帝因为抢占先机，所以成功地阻止了奥地利军队和俄国军队在上西里西亚会师，并且赢得了四个星期的备战时间。然而，如果我们客观地看待历史记载，就会看出这次行动的意义被夸大了。在实证主义流行的今天，我们怎么能容忍这些夸大其词的说法呢？在战争中，要想获得非常之功，就必须有非常之举——积极行动、当机立断、强行军。在这一方面，腓特烈大帝和拿破仑确实堪称楷模，但是事实上，即使他们能够将这一切运用得出神入化，也无法总是能收获全功。比如1760年7月，腓特烈大帝曾先从包岑出发突袭拉西将军，继而又突袭德累斯顿，但是到头来是竹篮打水一场空，他还因此丧失了重镇格拉茨，使自己陷入了岌岌可危的境地。又如，1813年，拿破仑曾两次从德累斯顿突袭布吕歇尔，但是两次行动都是无功而返，只是徒增消耗，还使德累斯顿陷入了危局。所以说，要想在战争中依靠突袭行动有所斩获，指挥官的素质不足为恃，此外还得依靠其他条件。当然，我们这样说并不是否认出其不意的行动的作用，只是想说明怎么能使这种行动发挥作用。

关于这个问题，腓特烈大帝和拿破仑还有其他的史例为证。

1814年，当布吕歇尔的军队离开主力军团向马恩河下游行军的时候，拿破仑曾经对其发动过一次名噪一时的突袭行动。当时，布吕歇尔的军队首尾相隔三日行程，依靠此次突袭行动，拿破仑在两天之内逐个击破了敌军。我们得知道，要想在两天之内斩获比这更大的战果是很不容易的，而布吕歇尔在此行动中遭到的损失相当于在一次主力会战中的惨败。如果布吕歇尔能够事先得知拿破仑将会发动追击，那么他就不会使军队首尾相隔的行程长达三日，然而事实上拿破仑事先也并不知道布吕歇尔会有此举动，所以拿破仑的成功是偶然的。

相似的例子还有1760年的莱格尼察会战，在此战中，腓特烈大帝同样获得了辉煌的战果。有时候是为了避免会战，有时候是为了扰乱敌军的计划，腓特烈大帝经常飘忽不定地使用兵力，在与劳东将军对战的那一天（14日），他在白天占领了敌军的一个阵地，然而到了夜晚却忽然拔营而去，但是原因并不是为了避战或者是为了扰乱敌人的计划，而仅仅是因为像他说的那样——他不喜欢这块新夺取的阵地。因为这次突然转移，劳东将军损失了七十门大炮和一万多人，由此可以看出，在此过程中，偶然性也发挥了很大的作用。如果腓特烈大帝没有转移阵地，劳东将军没有偶然性地遇到难以穿越的地形，可能这次战争的结局就要改写了。

即使在战略范围内（以上讨论的是战术范围内的战例），也有一些利用出其不意的行动获得战果的例子。比如腓特烈·威廉在1757年与瑞典人作战时，先后通过两次迅捷的行军——从弗兰肯到波莫瑞，从马克到扑烈哥尔河——迫使敌军让出防区；1800年，拿破仑率军穿越阿尔卑斯山，曾迫使敌军投降，并且将一个防区拱手相让；腓特烈大帝率军入侵西里西亚时，也曾获得了巨大的胜利。我们说到的这些例子都是成功的，但是我们必须注意一个国家软弱无能或者没有做好战备工作的这种情况，因为这和我们讨论的情况是两回事，而且这种情况也是很少见的。

关于如何采取出其不意的行动，我们还得注意一个问题：只有能够玩弄对方于股掌之上的时

阿布基尔战役

　　发动政变之前，拿破仑曾受督政府之命远征埃及，在此期间，他率领的法军与英军在尼罗河河口的阿布基尔附近进行过一次决战，这就是历史上著名的阿布基尔战役。此战以英军获胜而告终，虽然拿破仑在此战中失败，但是许多军事学家认为他的指挥仍然是第一流的。

候才能做到出其不意，只有我们采取的行动是正确的时候才能玩弄对方于股掌之上。如果我们在采取出其不意的行动时，制定的措施是错误的，那么我们不但无法从中获益，甚至有可能遭到反噬，或者说敌人不会被我们震慑，反而会从我们的错误中找到反扑的机会。与防御活动相比，在进攻活动中，我们更需要积极行动，所以一般来说，往往是进攻者会更多地用到出其不意的手段，但是这并不是绝对的，可能出现的一种情况是，攻守双方同时做出这种行为，在此情况下，谁的措施是正确的，谁就会占据上风。

阿布基尔战役

第十章　诡诈

　　诡诈的前提，是隐藏自己的真实意图，它与那种光明正大的行动方式是势不两立的，如同直言不讳与双关语的区别，所以它和利诱、说服和威慑等手段截然不同，而是类似于欺骗，因为欺骗也是隐藏自己的真实意图。如果诡诈得逞，那么它就是一种欺骗，但是诡诈并不是言而无信，所以它和欺骗还是有些不同。也就是说，使用诡诈的目的，是使人的理智发生混乱，进而使其看不到事情的真

马伦哥战役

　　阿布基尔战役之后，欧洲列强组建第二次反法联盟，马伦哥战役即法军与第二次反法联盟之间的一场战役。在拿破仑的指挥下，法军在此战中获胜，沉重地打击了反法联盟的力量，保住了法国的革命政权，拿破仑本人对此也颇为自豪。

相。所以说，如果双关语是思想概念上的把戏，那么诡诈就是行动上的把戏。

战略这个词语脱胎于诡诈，这种说法并不是毫无道理。从古希腊时代以来，无论是外在形式还是内在本质，战争都发生了很大的变化，但是战略的实质之一——诡诈——似乎并没有改变。如果人们认为战术是一种刚性的暴力行为，而战略是一种柔性的作战艺术，那么，除了感性力量之外，人类的其他禀赋之中似乎再也没有任何东西比诡诈更适于指导战略活动。事实上，我们在讨论出其不意的行动时，就已经涉及到了诡诈，因为任何一次出其不意的行动都多多少少与诡诈有关。

战略活动，无非是部署战斗。在人类的其他活动中，经常需要用到发表谈话、声明等手段，进行战略活动的时候，这些手段没有用武之地，但是在诡诈性的活动中，这些手段却会被经常用到，比如发布虚假消息迷惑敌人、故意泄露假情报等。从战略层面来说，这些手段所能起到的作用一般是微乎其微的，只有在机缘凑巧的情况下，它们才能发挥一定的作用，所以指挥官不能随意动用这种手段。

从另一个角度来说，虽然在战略层面上，人们可以通过部署战斗的手段——佯攻——来迷惑敌人，诱使敌人上钩，但是这得耗费大量的时间和兵力，所以人们都不愿意动用这种手段，佯攻一般也难以收到预期的效果。事实上，在比较长的时间内调动兵力来迷惑敌人也是危险的，因为有时候这样做不但没有什么效果，还会影响在具有决定性意义的作战地点的兵力配置，所以那些对此深有体会的指挥官，不愿意用这种狡猾而危险的手段，而是更愿意采取实际行动。对于统帅来说，具有洞若观火的观察力比使用诡诈更为重要。

然而，从战略层面来说，当能够供我们支配的兵力越少的时候，就越需要使用诡诈手段。尤其是当兵力薄弱到即使再有智谋也无济于事的时候，诡诈手段就成了最后的救命稻草。人越是处于绝境之中，就越倾向于铤而走险，作为一种手段，诡诈在此时也会助长他们的胆量。当人们决定孤注一掷的时候，胆量与诡诈可以相互促进，使人重燃希望——即使是微弱的——说不定还可以重获回天之力。

开赴前线的巴黎志愿军

第十一章　空间上的兵力集中

　　最好的战略是什么？就是在总兵力上占据优势，在具有决定性意义的会战地点集结优势兵力。所以，在战略上来说，除了最大化地扩充兵力，另外一个简单却很重要的原则就是集中优势兵力。除了为了完成迫在眉睫的任务而分割兵力之外，任何一支军队都不能脱离主力。

　　有的人虽然有时候会分割兵力，但是这往往是因为他们看到别人这样做，自己才去效仿，事实上他们自己并不知道为什么要这样做。这种情况听起来似乎匪夷所思，但这是一种经常出现的情况。如果我们认可上述原则——尽量集中优势兵力，除非逼不得已才能分割兵力——那么我们就可以避免一些错误。

洛迪战役

　　拿破仑的作战方式以灵活、敢于冒险、力度猛烈而闻名，比如洛迪战役就是如此。据说此战结束之后，拿破仑某天夜里巡视营地，问一个俘虏，法军在此战中的表现如何。这个俘虏说，法军的进攻方向变幻不定，忽左忽右，忽前忽后，违反一切常规，敌人根本无法知道该如何配置兵力。

第十二章　时间上的兵力集中

如何做到时间上的兵力集中？在实际操作中，这个问题很容易使人产生错觉。为了使人们的观念明确，我们先来对这个问题做一个简单的分析。

战争是两股力量之间进行的方向相反的比拼，力量较强的一方不但可以抵消对方的力量，还可以迫使对方向自己的用力方向移动。因此，在战争中我们必须明白一个原则：敌对双方必须同时一次性地使用全部的力量进行比拼，不允许陆陆续续地使用力量。但是，只有在敌对双方的摩擦非常暴烈的时候才会出现这种现象——实际上，由于战争是敌对双方持续角力的过程，所以双方可以间歇性地使用力量。由于火器是一切战术的基础，所以在战术上也有同样的情况。[①]

如果是一千人对战五百人，那么双方的伤亡情况就和参战人数的多少有关。虽然一千人的火力密度多于敌方，但是他们被击中的可能性也多于敌方。如果说这一千人被击中的可能性是敌军

洛迪战役

---

① 火器的发射不是持续不断的，中间会出现短暂的停歇。——译者注

的二倍，那么双方的伤亡情况就是相同的——有一千人的这一方伤亡二百，敌军也是如此。如果说有五百人的这一方还有一支五百人的预备队，那么伤亡二百人之后，它和敌军一样，都有八百人可以继续参战，但是，（在彼此都是八百名兵员的情况下，）其中一方的五百人队形严整、弹药充足、体力充沛，另外一方的八百人则是队形涣散、弹尽粮绝、体力衰弱。当然，仅仅因为一千人是五百人的二倍，就说他们被击中的可能性大一倍是不正确的。也就是说，在战斗一开始，只有五百人参战的一方可能会遭到较大的损失，一千人那一方则有击退敌军的有利条件。然而，（在双方的伤亡人数都是二百人的前提下，）在后续战斗中，获胜方剩下的八百人经过激烈的斗争，已经趋于松散状态，而对方还有五百名生力军，这对于获胜的一方来说也是不利的。说到这里，稍有战争经验的人可能都会认为，在后续战斗中，胜利的天平将会向有生力军的这一方倾斜。

由此可见，在战争中一次性地投入过多的兵力有时候会产生不利的结局，尽管这样做在最初可能带来比较大的利益，但是在随后可能会出现后劲不足的局面，尤其是经过激烈的战斗之后，军队已经快成为散兵游勇的时候。在此情况下，敌军的后备力量一旦到来，就会起到扭转乾坤的作用。然而，当这支疲惫不堪的军队经过休整，而且在胜利的鼓舞下士气高昂的时候，即使对方的生力军到来也难以改变战局，甚至有可能再次折戟沉沙。也就是说，一支遭到惨败的军队，很难依靠生力军在第二天就扭转不利局面。

由此我们还可以看出战术与战略的一个不同之处，或者说能看出它们在根本上的一个不同之处：获得战术成果之后，军队一般会师老兵疲，近于散兵游勇的状态；而获得战略成果（总体性的胜利或者最终胜利）之后则不会出现这个问题，因为战略成果是所有的战术成果的汇集点，此时危机已经被全部消弭，经过休整的军队可以恢复到原先的状态，而遭到损失的则是实际上已经被消灭的那一部分兵力。由此我们可以得出一个结论：在战术上，兵力可以分梯次使用；在战略上，兵力只能同时使用。

在战术上，如果刚开始获得的成果没有决定性的意义，那么接下来就得锲而不舍地继续努力。也就是说，在战争初期不可贪功冒进，只能投入有限的兵力夺取相应的战果，同时，还得在交火区附近配置相应的生力军，以便进攻敌方的生力军，或者用来歼灭已经被削弱的敌军。

但是在战略上却不必如此，原因有二：第一，一旦获得战略成果，就不必再担心敌人反扑，因为战略成果的出现，就意味着危险已经消散；第二，在战略上使用的兵力并不是必定会被削弱，只有在战术上投入的兵力才会被削弱，只要在战术上不滥用兵力，那么被削弱的兵力就是必须被牺牲的那部分兵力，而不是所有的兵力都会被削弱，当战斗结束之后，那些参战不多的军队和从来没有参战的军队，对于维护战略成果的贡献是不言而喻的。

从这个角度来说，在战略上大量使用兵力，不但不会增加损失，反而会降低损失，也能够为最后的大决战提供保障。我们也可以因此自然而然地得出一个结论：在战略上使用的兵力越多越好，而且必须同时使用所有能够使用的兵力。然而做到这一步还不够，我们还得来彻底论述这个原则。

我们曾经说过，只有战斗才是严格意义上的军事活动，但是有许多因素都和战斗有关，比如兵员、时间、空间等，所以我们必须考虑这些因素所起的作用和它们会造成的结果。

对于军队而言，体力消耗与军用物资匮乏，是一种特殊的有害因素。就实质而言，它们并不属于战斗本身，但它们多多少少与战斗有关，并且与战略的关系尤为密切。

在战术层面上，体力消耗与物资匮乏引发的问题可能会很严重，但是战术行动（单次战斗）的持续时间比较短，所以它们的影响几乎可以被忽略；在战略层面上，由于时间和空间的范围比较大，它们所起的作用就比较明显，而且经常能够起到决定性的作用。比如在一支精锐之师中，因为疾病而造成的人员损失往往会多于因为战斗而造成的损失。

在战术层面上，如何在交火区使用生力军，关于这一点，我们在上文已经讨论过。按照同样的思考方式，我们可以这样设想：在战略层面上，受到体力消耗和物资匮乏影响的军队，在某个战略阶段结束之后会处于疲弱状态，此时投入生力军将会产生决定性的作用，所以在战略上也应该像在战术上一样，在战争初期不要贪功冒进、滥用兵力，以便将生力军留到最后。

接下来我们将对这种说法进行详细阐述。

我们绝不能混淆投入战场的后续兵力和原来就有的生力军。在大多数情况下，当战局已将结束的时候，交战双方都迫切希望增加兵员，好像他们都认为这样做具有决定性的意义。然而我们都知道，如果在作战初期就拥有足够强大的兵力，到后期就没有增加兵员的必要。有的人认为新投入战场的兵力的士气高于作战已久的军队，就好像战术预备队和已经遭到损失的军队之间的区别，然而事实上这种说法并不可靠——失败使军队士气低落，胜利使军队士气如虹，然而无论是胜利还是失败，经过战斗磨炼的军队都会积累一定程度的作战技能。此外，我们还得注意一点：在实际战争中，我们应该将胜利作为考虑问题的基础，因为，如果一开始我们预料到会以战败收场，那么我们就不会留下生力军以备后用。

接下来我们还需要讨论另外一个问题：体力疲惫和物资匮乏造成的损失，是否会随着兵力的增加而上升呢？我们的答案是，不会。

疲惫大多是因为危险而生，在军事活动中，危险几乎是无处不在的，为了化解危险，军队就必须采取相应的行动，即加强战术方面和战略方面的警戒措施。兵力越小，警戒任务就越重；兵力越大，警戒任务就越容易完成。谁能对此有所怀疑呢？我们这样说，原因是显而易见的——兵力弱于我们的敌人、兵力与我们势均力敌或者大于我们的敌人，在这二者中，与后者作战无疑会使我们更加疲惫。

刚刚讨论的是体力消耗的问题，接下来我们将要讨论物资匮乏的问题。

物资匮乏主要表现在两个方面：给养物资的缺乏和营舍的缺乏。一般而言，集结于同一地区的军队越多，物资匮乏的问题就越明显。但是如果兵力很多的话，从对外扩张、获得更大的生存空间，或者得到更多的物资的角度来说，兵力雄厚自身不就是一种优势吗？

1812年，拿破仑在进攻俄国的时候，曾经史无前例地将军队集中在一个地区，因此而使法军面临着前所未有的物资匮乏的困境。虽然在具有决定性意义的会战地点集中的兵力越多越好，但是拿破仑这样做似乎有矫枉过正的错误——当然，这并不是我们关注的重点。我们想说的是，如果拿破仑能够将兵力分散开,就可以避免物资匮乏的困境,俄国地广人稀,也为拿破仑这样做提供了现实条件,所以这并不能说明同时使用优势兵力就会在总体上削弱军队的力量。

为了增大获得战果的把握,我们在进行战斗之前往往都会确定哪些兵力是必须用到的,哪些兵力是暂时不必用到的。从战术意义上来说,这是比较容易做到的;然而从战略意义上来说,做到这些的难度就比较大,因为战术成果一般都是固定的、有明显的限度,而战略成果的弹性比较大、没有明显的限度。因此,在战术角度来看属于过剩部分的兵力,在战略角度来看则可以用于扩大战果。

在战术范围内,使用军队的时间越长,军队遭到的削弱就越大;在战略范围内,虽然时间因素对军队也会产生影响,但是它并不是通过本身的延长来对军队产生影响的,所以我们在战略上不能单纯因为时间因素,就企图利用逐次使用兵力的方法使局势对自己有利。也就是说,应该同时使用为了实现某个战略目的而部署的兵力,而且越是能在一次行动中或者在一个时刻用到这些兵力越好,但是这并不是说在战略范围内就不能逐次使用生力军,接下来将要论述到的战略预备队,就和这个问题有紧密的联系。

土伦战役

土伦战役是拿破仑崭露头角的一场战役,也是对保卫法国大革命成果具有重大意义的一场战役。当时,第一次反法联盟向法国发动进攻,企图扼杀法国大革命,国内外形势对法国极为不利,为了夺回被联军攻占的土伦,法军统帅起用了年仅24岁的拿破仑,这本来只是迫于无奈而做出的一个偶然决定,但是这个不经意的决定不仅影响了整个战役的进程,也将拿破仑推上了历史舞台。

第十三章　战略预备队

　　预备队的使命一般有两个：第一，延长或者恢复战斗；第二，应付意外情况。

　　在逐次使用兵力的情况下能够获得利益，是利用预备队完成第一个使命的前提，在战略范围内，这种情况出现的可能微乎其微。将一支军队调集到即将失守的地区，这属于第二个使命的范畴，因为这是一种意外情况。

　　如果一支军队驻扎在交火区之外，它的任务是在必要的情况下进入战场以便延长战斗，而且它和正在与敌人交火的军队属于同一个指挥官指挥，那么这支军队就是战术预备队，而不是战略预备队。在战略范围内，在有可能出现意外的情况下，我们也需要一定的兵力防备意外，这样的军队就是战略预备队。

　　在战术范围内，人们往往是通过观察来获知敌军的动向，但是一片森林或者一个丘陵都可以成为敌人隐蔽的屏障，所以我们必须经常对突发情况保持警惕（即设立战术预备队），以便针对敌人的动向调整我们的兵力部署，在出现突发情况的时候可以加强整个战争活动中的薄弱环节。

　　由于战术行动往往和战略行动是有联系的，所以在战略活动中也会出现类似的情况：我们部署某些活动的时候，只能以不一定完全准确的情报为依据。所以，我们必须以不确定性为依据，留下一定的兵力作为生力军。战略行动离战术行动越大，这种不确定性就越大；战略行动离政治领域越近，这种不确定性就越小。

　　在单次战斗中，敌人将会选择何处作为会战地点？将会在什么地方渡河？这些都可以通过观察敌人无意间暴露的蛛丝马迹来了解。如果说敌军打算从某个方向进攻我国，那么即使他们还根本没有来得及动手，报纸就会传得沸沸扬扬。

　　战斗的规模越大，就越难做到出其不意。当战斗涉及的时间很长，涉及的地域很大，其中的各种活动也表现得特别明显的时候，人们就有足够的时间来了解它。当它越是涉及到全局的时候，战略预备队的作用就会越小。

　　我们知道，有些战斗的结局没有什么意义，只有在整体性的结局中，这些战斗的意义才能表现出来，但是即使是整体性的结局，意义也是一定的，或者说其意义的大小，取决于被击败的敌军在全部兵力中的比重及其地位。比如一个军团失利了，但是这种损失可以由另一个军团的成功来弥补，有时候另外一个军团的胜利不仅可以弥补友军的失败，甚至可以使友军反败为胜。也就是说，被击败的军团越重要，我们获得的胜利也就越重要，敌人卷土重来的可能性就越小。如果说在战术上逐次使用兵力，可以将最具有决定性意义的战斗推迟到收尾阶段，那么在战略上，同时使用兵力的原则，则会使主力决战发生在一开始。

综合上述，我们可以得出一个结论：战略预备队的使命越多，它存在的意义就越小，因为它的存在而造成的危险就越大。这就引出了一个问题：从什么时候开始，战略预备队就没有存在的必要了？

这个问题其实并不难：主力决战，就是战略预备队失去存在的必要性的起点。因为在主力决战中，所有的兵力必须被投入使用，在主力对决的战场之外保留一支战略预备队以待后用的做法显然是错误的。

在战术意义上，保留一支预备队可以防范意外事件的发生，在战斗失利时也可以遏制颓势，但是在战略意义上则不应该用这种手段。也就是说，在战略上，此处的失败可以用彼处的胜利来弥补，还可以将别处的兵力调来挽救败局，但是绝不能有为了预防败局而事先保留兵力的思想。

曼图亚争夺战

曼图亚争夺战发生于1796年，是法军与奥地利为了争夺意大利而进行的一场战争，结局是法军获胜。战前，督政府为了防止拿破仑势大难制，曾意图予以弹压，但是拿破仑态度强硬，督政府不得不让步。

第十四章　兵力的合理使用

人的思路有自己的活动空间，它不是按照某种规则或者原则前进的僵硬的直线，它的活动规则和艺术是相似的。在艺术中，用数学上的横坐标和纵坐标画不出优美的线条，用代数公式画不出线条优美的圆。在战争中，指挥官有时候能够以快刀斩乱麻式的决断力自然而然地洞悉真相（这是天赋的作用），有时候能够将规律概括为明确的几点作为行动准则，有时候则能够以经验为行动依据。

在战争中必须注意一点：使所有的兵力都能发挥作用，或者说随时随地都不能出现闲置的兵力——我们认为这是一种概括出来的要点，也是在战争活动中进行智力活动的一种依据。

在没有屯兵必要的地方配置过多的兵力、遭到攻击的时候还有一部分闲置兵力，这就是不合理地使用兵力。

有军队而不用还不如错误地使用军队。如果有行动必要就得倾尽所有兵力出击，即使这样的行动是错误的，它也能够牵制或者歼灭一部分敌军，而完全被闲置的军队则不会有任何效用。

拿破仑称帝

击败第二次反法联盟之后，拿破仑于1804年称帝，宣布法国为法兰西帝国，这就是历史上的法兰西第一帝国。

第十五章　几何因素

几何因素在战争中究竟有多重要呢？ 在筑城术中，几何因素在所有的问题上都占据着支配地位。在战术上，几何学也有很大的作用，尤其是在狭义的战术中——关于军队如何运动的理论中——几何因素更是一种基础性的东西。在野战中筑造工事的时候，以及在确定阵地的位置和进攻敌军阵地的时候，几何因素中的角和线几乎就像立法者一样处于支配地位——虽然其中有的因素的作用被夸大了，有的因素只是毫无意义的游戏。

在现代战术中，包围敌军几乎成了必须用到的手段。在此形势下，几何因素再次产生了巨大的作用，并且被反反复复地使用着。但是，与传统的围攻战术相比，现代的围攻战术已经不再像以前那样死板，精神作用、个人性格和偶然因素都有比较大的作用，所以几何因素已经不像以往那样

帝座上的拿破仑

具有统治性的地位。在战略范围内，虽然兵力配置的形式和国境线的形状仍然有一定的作用，但是几何因素的作用已经比较小了，至于这种作用的表现形式是什么，我们将在后文中逐渐展开阐述。我们在这里只是想说，几何因素在战术范围内的作用和战略范围内的作用是有差别的。

在战术范围内，时间和空间是有限的，一支军队的后方和侧翼如果遭到敌军的攻击，就面临着无法退却的险境。在这种形势下，这支军队就几乎丧失了继续作战的可能，所以它必须设法摆脱这种困境，或者它必须事先制定措施预防这种情况的出现——这种预防措施必须能够使敌人有所忌惮，不敢轻举妄动。为了实现这个目的，在这种情况下，兵力配置的几何形式就成了一个很重要的问题。

然而在战略范围内所涉及的时间和空间都比较大，兵力配置的几何形式在此时产生的影响是比较微弱的，因为火力攻击的射程不能从一个战区跨越到另外一个战区，如果想实现战略迂回往往需要耗费很长的时间，可以是几个星期，也可以是几个月，即使人们采取的措施都是最好的，要想分毫不差地达到目的也只有很小的可能性，所以在战略范围内，几何因素的作用往往比较小。正是因为如此，在某个地区获得的战术成果就显得尤为重要，虽然后续战斗中可能会出现失败的问题，但是在胜利的战果没有被失败的战局抵消——部分抵消或者全部抵消——之前，胜利的结果是有时间充分发挥作用的。所以我们敢于下定论：在战略上更为重要的，是胜利的次数和规模，而不是可以将这些战斗联系起来的几何因素。

如今有许多人持有相反的观点，并且对这种观点情有独钟，认为只有持有这种观点才能凸显战略的重要性。他们也将战略当成更高层次的智力活动，认为这样做可以使战争更加高贵，用当下流行的话来说，他们认为这样做能够使战争更加科学化。所以我们认为，建立一个正确而完善的理论，可以去除那些荒谬理论的迷惑性。由于那些荒谬的理论往往是以几何因素为出发点的，所以我们要特意说到这个问题。

称帝之后的拿破仑向将士发表演说

第十六章 间歇

如果我们将战争当成一种你死我活的行为,那么我们就必须认为在战争中角力的双方在一般情况下,都是在不停地发力的。然而,由于角力的双方的具体情况不是完全相同的,或者说不可能永远是相同的,随着时间的推移,情况可能会发生变化,所以我们认为在某个时间点上,其中一方在发力,而另一方则是在等待,在这种情况下,形势显然对前者是有利的。

如果敌对双方的统帅都对这一点心知肚明,那么其中一方发力的根据,也就是另一方选择等待的依据;在相同的时刻,双方不会同时认为发力有利,也不会同时认为等待有利。在这里,双方统帅做出决策的现实依据其实是一样的——战局可能有所改善,也可能继续恶化——不能因为双方统帅做出决策的依据是一样的,而否认战争的两极性。

退而言之,即使双方的情况是一样的——或者说由于统帅对敌人不够了解,误以为敌方的情况和自己是相同的——也不可能产生间歇。因为双方的政治目的是不一样的,从政治角度来说,其中必然有一方是进攻者;如果双方都打算防守,那么就不会有所谓的战争。进攻者的目的是积极的,必须积极行动才能达到目的;防御者的目的则是消极的。所以,即使双方的情况是完全相同的,在积极目的的驱使下,进攻者也会发动攻击行动。

以这种想法为基础,我们会看出,这种军事活动中的间歇好像与战争的性质是矛盾的,但是事实并非如此。因为敌对双方是水火不容的,其中一方必须一刻不停地发动进攻,直到彻底击败对方才能罢手。(粗看起来,如果一方不被彻底击败,另外一方就不会停止进攻。)但是两个摔跤手角力的时候,经常会出现僵持不下的局面,这又该如何解释呢? 就像上紧发条的钟表一样,军事行动本来应该是持续性的。然而,无论军事活动的性质有多么暴烈,参与其中的却是有人性缺点的人,所以它必然会受到人性弱点的牵制:人们一方面追求冒险、制造危险,一方面又会规避风险。这就是战争中的矛盾,我们对此并不会大惊小怪。

纵观战史,我们能够看到一个现象:敌对双方在达到作战目的的过程中,并不是在时刻不停地角力,相反,战争活动中的间歇才是常态,比如法国大革命时期的战争就能证明这一点。

在法国大革命时期的战争中,尤其是在拿破仑指挥的战争中,他们(拿破仑指挥的法军和与之相对的联军)确实使武力发挥了最大限度的作用,这也符合使用武力的自然规律。也就是说,战争达到如此暴烈的程度是可能的,有时候也是必然的。如果不是为了在角力的时候压倒对手,在战争中使用这么多的武力又该如何解释呢? 面包制作师为了烤熟面包才加热烤炉,马车夫为了使用马车

加冕典礼上的拿破仑

才把马套到车辕上。如果作战的目的仅仅是为了迫使对手使用更大的力量,此外别无所求,那么为什么还要在战争中投入那么大的力量呢?

关于这个原则(战争中出现间歇)的总的方面,我们暂时说这么多,接下来我们来讨论一下这个原则在现实中的变化。但是我们需要指出的是,我们将要谈论的变化,指的是由事物性质引起的变化,而不是由外在原因而引起的变化。这种由事物性质引起的内在性的牵制力量,主要有三个方面。

第一,人性缺点,即人性中的胆怯和犹豫。作为一种抑制性的因素,它们往往使军事行动出现间歇。在精神世界中,它们是一种重力,但是这种力量不是由引力引起的,而是由排斥力引起的，也就是说，产生这种力量的基础，是人们对于危险的恐惧。在战争中，人往往会受到（恐惧心理的）阻止，所以要想一往无前，就必须有足够强大的动力在背后推动。虽然作战目的可以提供推动力，但是这是远远不够的，如果没有敢作敢为的精神和骁勇善战的能力，没有来自上级所施加的压力，那么间歇就会成为一种常态。

第二，人的认识和判断往往无法做到明察秋毫，在战争活动中，这种特点表现得尤其明显，知己尚且无法完全做到，何况我们在战争中还需要知彼——敌人都会注意隐蔽自己。所以，在此情况下，我们只能根据有限的材料对敌人的动向进行推测，这就会出现一个问题：在有的时候，等待其实只是对其中一方有利，但是对方会误以为这样对自己也有利。

第三，（与进攻相比）防御的力量更强，它就像机械里的制动设备一样，能够随时使行动停止。比如其中一方因为力量薄弱而无法立刻发动进攻的时候，并不是意味着敌方可以立刻发动进攻；防御有利于蓄积力量，如果其中一方因为急于进攻而放弃守势，那么它就会失去既定优势，甚至会将这种优势转移给敌方，形象地说，就是（a＋b）－（a－b）＝2b，所以有时候双方都会感到自己目前无力发动攻势。

由此，人们就可以在军事活动中为间歇找到佐证，证明出现间歇现象是合理的，因为在军事活动中面对巨大危险的时候，人们必须谨慎小心，这也可以缓解军事活动的暴烈性。但是这无法说明，为什么在有些没有重大利害冲突的战争中（危险性不是很大的战争中）也会出现间歇现象。

在有些战争中，大部分时间往往是在彼此无所事事的状态中度过的。之所以产生这种现象，主要是因为受到了一方的要求和另一方的现实情况、情绪的影响——关于这一点，我们已经在前面谈过了——致使战争处在一种不战不和的怪异状态中。这样的战争往往只是一种武装对峙，有时候它是为了获得谈判筹码而刻意摆出的一种威胁姿态，有时候只是为了便于后续行动而采取的一种抢占先机的行为，有时候则是为了履行同盟义务才勉强采取的一种行动。在这些场合中，敌对双方的利害冲突并不是很强烈，彼此之间没有太多的畏惧，也不愿对敌人采取过分的行动，也就是说，因为利害冲突不是很强烈，所以双方没有采取行动的强烈动机。在此形势下，军队背后的政府当然不愿意下很大的赌注，所以就会出现这种不战不和的怪异战局。

在这样的战局中，必然性的地位会有所下降，偶然性的地位则会有所上升，为这样的战局建立军事理论的必要根据和基础也会相应地减少，但是这并不妨碍才智发挥它们应有的作用，而且与其他类型的战争相比，才智反而会得到更多的施展空间，它们的表现形式也会更加多种多样，就像以金币为赌注的赌博变成了本小利薄的小生意。在这样的战局中，在大多数的时间里，人们都将精力放在装模作样的行动上，没有具有长期效果和那些被称为大学问的军事部署。然而就是在这样的战局中，有的理论家发现了"真正的军事艺术"。通过研究古代战争中的佯攻、佯防，他们发现智力比物质更重要，进而认为近代的战争是毫无价值的蛮力角斗，是向野蛮时代倒退的一种表现。然而，这种观点就像它谈论的对象一样，实际上百无一用。在缺乏伟力和激情的地方，小聪明当然有用武之地，但是指挥庞大的军队作战，就像在惊涛骇浪之中行舟一样，这难道不是一种层次更高的智力活动吗？难道古代战争中那种击剑式的佯攻、佯防，不能被包括在真正的作战方法中吗？

　　事实上，这种击剑式的作战方法只有在彼此势均力敌或者敌方实力较弱的时候才有用武之地。然而，这种条件能保持多久，并非我们所能完全知悉。难道我们不是在以为旧式的作战方法比较可靠的时候，遭到了拿破仑的军队的攻击，并且被敌人从夏龙赶到莫斯科的吗？难道腓特烈大帝不是用类似的方法使惯于使用老式作战方法的奥地利人大吃一惊，并且动摇了奥地利王朝的根基吗？在对付一个自行其是而不受任何规则约束的野蛮敌人时，如果一个政府的态度不坚定，由此而产生的结果是不堪设想的。因为此时的任何懈怠行为，都会使敌人的力量得到加强，这就像一个击剑运动员用他习惯的方式去摔跤（用击剑的技巧与应对摔跤运动员的蛮力），对方只需要轻轻一推，就能把他打倒在地。

　　综上所述可以看出，一次战局中的军事行动不是持续性的，而是会经常出现间歇。所以，在每一次作战行动中总是会出现彼此都采取守势的时期。但是从总体上来说，追求的目标比较大的一方往往会将进攻作为主要原则，所以它的观望态度与对方相比是不同的。

奥斯特里茨大捷

　　1804年11月，俄国与普鲁士、奥地利等国结成第三次反法联盟，共同对抗法国。在奥斯特里茨战役中，拿破仑以少胜多，一举击溃俄奥联军，取得了决定性的胜利，普鲁士因此被迫与法国结盟，第三次反法联盟也随之瓦解。

拿破仑接见外国使节

第十七章　现代战争的特点

现代战争的特点,是我们必须加以考虑的,因为它对我们制定战术和战略有很大的影响。

依靠幸运女神的垂青以及自身的胆略,拿破仑的作战手段使旧式的作战手段黯然失色,许多第一流的强国也往往难以承受他的雷霆一击。然而顽强的西班牙人也使人明白了一点:民间武装的力量虽然有待完善,但他们往往能发挥比较大的作用。

通过观察1812年的俄国战局,我们可以明白三点:第一,一个地域广大的国家是不可征服的;第二,会战失利、首都沦陷以及防区失守(有些外交官在过去曾经将这些情况当成无法获得最终胜利的依据,一旦出现这些情况,他们就立刻打算签订不平等条约),并不是就意味着丧失了东山再起的可能,也不是意味着无法获得最后的胜利;第三,当敌人的攻势已经成为强弩之末时,在本国领土上进行防御的一方往往会赢得转圜之机,在此形势下,反守为攻可以发挥巨大的作用。

通过观察1813年的普鲁士战局,我们可以看出,紧急组建民兵可以使兵力膨胀到平时的六倍,无论是在国内还是在国外,都可以使用这些民兵。

这些情况可以表明,民心向背在国家力量和军事力量的角逐中能产生多大的作用。既然各国政府目前已经知道了民心的作用,那么在未来的战争中,它们就会动用这种武装力量——无论是为了解燃眉之急,还是因为荣誉心的驱使(看到别国这样做,自己不甘落后,继而效仿;或者以此证明自己得到了民心支持)。

动用国家性的武装力量作战和动用常备军作战的组织原则是一样的。在以前,陆军就像海军一样,也曾经采用海军战术中的某些原则,但是这些原则现在正在被逐渐弃之不用。[1]

---

① 作者在此处没有详细阐述,意思可能是,在此前,海军作战只依靠常备军的力量,不需要民兵的辅助,陆军也是同样。——译者注

第十八章　紧张与平静

我们在前面说过,在大多数战局中,间歇的时间要多于行动的时间。虽然现代战争中出现了一些与此前完全不同的新特点,但是,真正的军事行动仍然会被或长或短的间歇打断。如果敌对双方同时持有消极目的,那么就会出现战争均势——间歇。这里所说的均势是广义的均势,其中既包括物质力量和精神力量均势,也包括一切利害关系在内的均势。然而,只要其中一方再次持有积极目的,并且展开了一些活动,即使只是一些准备活动,那么对方也会随之采取相应的对策,如此一来,彼此之间会再次出现剑拔弩张的局面,而且这种局面将会一直持续到战争结束,直

俄军抢夺鹰旗

奥斯特里茨战役中,法军的一面鹰旗被俄军夺走,据说这是唯一一面被夺走的鹰旗。

奥斯特里茨战役之后，拉普将军向拿破仑献旗。

到其中一方放弃自己的目的或者做出让步才能告一段落。

当双方在一系列战果的基础上进行的决战结束之后，战争的天平就会向这一方或者那一方倾斜。如果在此期间再次出现新的困难或者有新的对抗性的力量介入，那么随之而来的就是新的紧张局面或者新的决战。

有时候在均势状态下也会出现一些活动，但是它们往往是由偶然原因引起的，而不是由那些可能导致重大变化出现的目的引起的。这些活动可能是大规模的军事冲突，也可能是主力决战，但是它们的性质是不同的，所以往往会产生不同的结果。

在剑拔弩张的状态下，一方面由于环境的压力能够使人们的意志发挥更大的作用，一方面由于人们已经做好了发动大规模军事行动的准备，所以此时进行的决战具有更大的效果，就像一个引线已经被点燃的密封的炸药桶。如果这种大规模的军事行动在均势状态下发生，那么这就像一堆被引燃的散放的火药。由于紧张的状态是不同的，在如箭在弦的紧张状态和最弱的紧张状态之间，存在着一系列过渡性的紧张状态，所以最弱的紧张状态和均势状态之间的差别是微乎其微的。

通过上述考察，我们可以得出一个对我们有很大的实际效用的理论：即使采取的措施是同样的，它在紧张的状态下所能产生的实际效果也远远大于在均势状态下所能产生的效果；战局越是紧张，它能产生的效用就越大，例如瓦尔密炮击比霍赫基尔希战役更具有决定性的意义。

驻防敌人因为无力防守而放弃的阵地，与驻防敌人为了等待有利战机的来临而放弃的阵地，所采取的方式是完全不同的。应对敌军的战略进攻时，选择一个不合适的阵地，或者进行一次错误的行军，由此造成的损失是不可想象的。我们曾经说过，大多数战争在大多数时间里都处于均势状态，所以在均势状态中，一般只有在我们的错误很明显的时候，敌人才会抓住战机出击，而且在这种状态中产生的战斗一般不会产生意义重大的结果，比如有时候敌军是为了庆祝女皇的诞辰

法军近卫骠骑兵

　　虽然法军近卫骠骑兵的装扮很华丽,但是他们的战斗力非常惊人,在奥斯特里茨战役中,他们就让敌军见识到了自己的威力。据说征俄战争失败之后,俄军统帅下令全力追杀拿破仑,但是在近卫骠骑兵的保护下,拿破仑得以安然无恙地回国。

（霍赫基尔希战役），有时候是为了维护军人的荣誉（库涅斯多夫战役），有时候是为了满足统帅的虚荣心（弗莱贝克战役）。

因此，统帅必须能够清楚地辨明均势状态与紧张状态，并且能够针对具体的状态采取正确的行动，这是一个很重要的原则。然而，1806年的战役告诉我们，目前人们还无法做到这一点。当时的战局是高度紧张的，统帅本来应该将所有的兵力都用到干系重大的主力大决战上，但是他们在当时只是提出了一些措施，虽然有些措施确实已经付诸实践，但是它们只是产生了一些无足轻重的作用，能够力挽狂澜的一些重大措施却被人们抛到了脑后。

为了进一步阐述我们的理论，我们认为进行这种理论上的区分是很有必要的，因为进攻与防御的关系、实施进攻和防御等问题，都与危机状态有关，至于在均势状态中进行的一切活动只是一种衍生物；因为危机状态下的战争才是真正的战争，均势状态只是危机状态的一种反射。

法军近卫骠骑兵军官

法军近卫骠骑兵已经是万中选一的勇士，骠骑兵的军官自然是精锐中的精锐。

第 四 篇

IV

战 斗

第一章　引言

　　在战争中起作用的因素，我们在前一篇已经论述过了，接下来我们将要研究真正的军事活动，即战斗。这种活动能够通过物质活动和精神活动体现出来，也能够直接或者间接地体现战争的目的。所以在战斗以及战斗的效果中，与战略有关的因素必然会再次出现。

　　如何部署战斗，属于战略范畴，为了了解战斗的大致情况，我们只需要对它进行一般的考察就可以了。事实上，由于不同的战斗的直接目的是不同的，所以每一次战斗的外在表现形式也是不同的。然而，由于大部分战斗都有一定的相似性，所以与战斗共有的性质相比，每一次战斗的特殊性并不是很重要。为了避免重复说到战斗的共有的性质，所以在谈论战斗的特殊性之前，我们有必要先大致看一下战斗共有的性质；由于关于战斗的概念是以现代会战为基础的，所以接下来我们将从战术角度来看一下现代会战的特点。

法军骑兵

　　拿破仑对机动性比较强的骑兵钟爱有加，尤其重视骑兵的建设，在奥斯特里茨战役中，法军的精锐骑兵突入联军中，几乎全歼俄军近卫骑兵。

第二章　现代会战的特点

从战术和战略的概念中可以看出,战术上的变化必然会引起战略上的变化。在不同的情况中,战术具有完全不同的特点,战略也会随之表现出不同的特点,只有这样才是合情合理的。所以,接下来我们将要先来说明现代主力会战的特点,以便进一步说明如何在战略上运用主力参与会战。

在如今这个时代,大会战是如何进行的呢?

首先,我们会有条不紊地在各个方向部署兵力,然后调集其中的一部分先与敌军进行几个小时的交火,并且在其中穿插进行白刃战、小规模的冲锋和骑兵进攻,以此来形成相持不下的战局。当这一部分兵力损耗殆尽的时候,我们就会将他们撤回,并投入新的兵力。这样一来,战斗就会在有节制的前提下进行,就像潮湿的火药被慢慢引燃一样。当夜幕来临的时候,目不能视物,谁都不想把自己的命运交给运气宰割,于是会战就会暂停。此时,我们需要估计形势,最主要的是估计一下彼此还有多少生力军、阵地的得失以及我们的后方是否安全,在此基础上,我们还得对敌我双方的士气和作战表现形成一个概括性的印象。以此为依据,我们就能得知明天应该继续作战还是撤离交战区。

当然,这种描述并不能面面俱到地描述出现代会战的全貌,这只是对现代会战所作的一个大致的描绘。对于进攻者和防御者来说,这种描述都是适用的。即使我们在这幅图画上添加一些别的色彩,比如作战目的、地形等因素,这幅图画的基本色调也不会有很大的改变。

现代会战之所以能够具有这种主色调并不是偶然的,这主要是因为敌对双方在军事组织和军事艺术方面的水平在总体上是旗鼓相当的,而且,现代战争往往是由民族利益纷争引起的,突破传统束缚的现代战争因素也有它的自然发展轨迹。在随后将要论述到的兵力、地形等要素中,我们在此处对现代会战的一般性概念所作的论述也是很有用的。

然而,我们需要说明的是,我们在此处对现代会战的一般性概念所作的论述,针对的只是一般性的、具有决定性意义的大规模会战。一些规模比较小的战斗的特点虽然正在向这方面转化,但是转化的程度还是比较小的。

第三章　战斗概论

　　战斗就是斗争，目的是击溃或者歼灭敌军，作为一种真正的军事活动，战争中的其他活动都是为战斗服务的，所以我们有必要认真研究战斗的性质。

　　如果我们把一个国家及其拥有的军事力量当成一个整体，那么我们就可以将战争当成一场大规模的战斗。由于野蛮民族之间的关系比较简单，所以在野蛮民族中，这个特点尤为明显。然而

乌尔姆战役中的法军

　　乌尔姆战役发生于1805年，是法军与第三次反法联盟之间的一场战役，在这次战役中，拿破仑再次发挥了出色的指挥能力，以轻微的代价换取到了辉煌的胜利。

内伊元帅

内伊元帅是法兰西帝国的重要将领，曾参与乌尔姆战役。1815年滑铁卢战役之后，内伊元帅被捕，同年12月7日被枪杀。

在现代战争中（文明民族之间的战争中），产生战争的原因是多种多样的，所以现代的战争往往是由许多大大小小的战斗组成的，这些战斗有时候是同时发生的，有时候则是相继发生的。此外，现代战争的终极目的，即政治目的也是很复杂的。由于军事行动涉及到许多客观条件和主观想法，所以即使政治目的是很简单的，我们也不可能奢望通过一次大规模的军事行动就能达到政治目的，也就是说，只有通过那些结合在一起的大大小小的军事行动，我们才能达到终极目的。作为整体性活动中的一部分，其中的每一次行动都有其特定的目的，也正是以这些目的为纽带，这些行动才能和整体联系在一起。

战略行动就是如何运用军队，而运用军队的基础则是如何进行战斗，所以我们此前说过每一次战略行动归根结底都与战斗有关，而且在战略意义上，我们可以将所有的军事行动都归结到战斗上，我们现在先来谈谈战斗的一般性的目的，至于它的特殊目的，我们将在后文中逐渐展开阐述。

无论战斗规模是大是小，也无论战斗有什么特殊目的，它都和整体性的目的有密不可分的关系。所以，我们只需要将制伏敌军或者歼灭敌军当成达到整体性目的的一种手段。从形式上来看，这个结论的正确性是毋庸置疑的，但是使其中的概念在逻辑上建立紧密的联系也是重要的。

怎么才能制伏敌军呢？显然，只有消灭敌军才能达到这个目的，无论是使用武力还是使用其他方式，无论是将敌军彻底歼灭还是只歼灭其中的一部分。所以，如果不考虑战斗的特殊目的，就可以将歼灭敌军（全部或者一部分）作为一切战斗的唯一目的。

单次战斗的目的是特定的，而且这个特定的目的与整体性的目的是有联系的，在进行大规模战斗的时候，这些特殊的目的不过是整体性目的的异化形式，或者说这些特殊目的从属于整体性目的。对于单次战斗而言，这些特殊目的是重要的，但是与整体性的目的相比，它们就不是十分重要。也就是说，即使是这些从属目的达到了，也仅仅意味着只是完成了次要任务。

有的人认为，消灭敌军只是一种手段，真正的战斗目的应该是别的东西。如果我们刚才所作的推断是正确的，那么我们就可以看出，这种说法只是在表面上看起来是正确的。消灭敌军包含在战斗的特殊目的之中，战斗的特殊目的只是消灭敌军的一种异化形式，如果我们忘记这一点，那么我们就会得出错误的结论。在最近的几次战争中，正是因为人们忘记了这一点，所以由此而产生了一些大行其道的错误理论。持有该理论的人认为，在战争中获胜不需要动用武力，这当然是一种完全错误的看法。如果我们无视于消灭敌军的重要性，那么我们就无法真正地研究战斗。

但是，我们该如何证明消灭敌军在大多数情况下都是最有价值的办法呢？还有的人认为，有一种直接或者间接的巧妙方法，可以歼灭敌军；即使采取一些规模不大的进攻方式——只要它足够巧妙——也可以使敌军无还击之力，陷入士气低落的境地。我们必须承认，在战略上的确有巧妙地使用兵力的方法，在此处或者在彼处进行战斗的确有不同的价值，战略就是巧妙地使用兵力的艺术，但是我们也得知道，在战争中，歼灭敌军无论在什么时候都是最有价值的方法。此外，我们还得明白一点：我们在这里说的是战略（在战略上有不需要动用很多兵力就能歼灭敌人的办法），在战术上，其实并没有那种不必消耗比较多的兵力就能歼灭敌军的方法。我们认为，直接歼灭敌军是战术成果，只有意义重大的战术成果才能催生意义重大的战略成果，所以说战术成果在战争中有极其重大的意义。

那么，我们该如何证明我们的这个观点是正确的呢？很简单，每一次军事行动都需要很长的时间，是简单的进攻有效，还是复杂而巧妙的进攻有效呢？如果敌军处于被动地位，那么第二种进攻方式的效果就比较大。然而，采取复杂而巧妙的行动就意味着得耗费更多的时间，只有在敌军即使进行反抗也无法破坏我们的计划的前提下，我们才能得到足够的备战时间。如果在我们厉兵秣马的备战过程中，敌军决定发动一次简单而直接的攻击，那么敌军就会得到一定的优势，我们的计划也会因此而失去预想的效果。所以我们在衡量巧妙而复杂的攻击方式的价值时，必须将战备期间有可能会发生的危险列入考量范围之内；在战备期间，只有当我们确定即使敌军发动反扑也无济于事的时候，我们才能采取巧妙而复杂的攻击方式。同理，当敌军的攻击破坏了我们的战备行动的时候，我们就得以牙还牙，同样得采取简单而有效的反攻方式，而且我们采取这种行动的时候，必须做到有的放矢，也就是说我们必须针对敌人的特点采取简单却最为有效的行动。如果我们只是考虑实际情况，而不去考虑那些虚浮的概念施加给我们的模糊印象，我们就会知道，在果断坚毅而且雷厉风行的敌人面前，我们往往没有采取复杂而巧妙的行动的时间，我们所要对付的敌人越是如此，我们就越是需要面临严峻的考验。

当然，我们并不是说只有简单的攻击才是最有效的攻击，而是说战备时间不能超过客观环境的限制，如果我们面对的敌人骁勇善战，我们就越是有必要直接发动攻击。从这个角度上来说，与其三思而行，追求在计划的复杂性上超过敌人，不如当机立断，设法在行动上抢占先机。

仔细研究一下这两种作战方式的基础，我们就会发现，巧妙而复杂的作战方式的基础是智慧，简单而有效的作战方式的基础是勇气。人们往往倾向于认为卓越的才智加上中人之勇，胜于万夫不当之勇加上中人之智，然而，如果我们能够合乎逻辑地考虑智力与勇气这两种因素，那么我们就不会认为在一些需要发挥勇气的作用的危险领域里，智慧比勇气更有价值。如果我们在研究历史的时候不预先抱有偏见，那么我们就会知道，在武德领域之内，勇气往往能使一支军队斩获成功和荣誉。

在整个战争和所有的单次战斗中，歼灭敌军都是最有价值的东西，这是我们一直在强调的原则。虽然除了这个目的,战争中还有一些其他的目的,甚至这些目的也是很重要的,但是我们暂时不讨论这个问题,接下来我们继续对战斗的唯一目的——歼灭敌军——进行详细探讨。

什么是消灭敌军呢？所谓消灭敌军,指的是敌军的损失更为惨重。也就是说,在我军兵员数量占据优势的前提下,如果敌我双方的伤亡数量是相同的,对于我们来说这就是有利的。

在战争中,有时候利用一些间接的手段也能达到消灭敌军的目的,但是因为我们这里主要说的是战斗,所以我们不将这些间接的手段列入考虑范围,而只是考虑通过直接搏杀和破坏得到的利益。这是一种绝对化的利益,通过其他手段虽然也能得到一些利益,但那些利益往往只是暂时的。比如我们通过巧妙地部署兵力使敌人陷入了岌岌可危的境地,①在此形势下,由于发动反攻需要冒很大的风险,所以敌人只是进行了一些象征性的抵抗就逃跑了,那么我们可以说这就是将敌军制伏了。但是,如果在交火过程中,敌我双方的损失比例是相同的,那么从整体性的结局上来看,在这次战斗中,我们就没有获得什么利益。所以,像这样的战斗——迫使敌人不得不放弃反攻——就不能算是消灭了敌人;或者说,只有通过交火和破坏获得的利益才能够被看成战斗的目的,这里所说的利益包括敌人在作战过程中遭受的损失,也包括敌人在撤退过程中的直接损失。

在战斗中,胜利者和失败者的物质损失往往是持平的,有时候甚至会出现杀敌八百、自损一千的局面。从严格意义上来说,失败者往往是在败退的时候才会产生决定性的损失:败退下来的残兵游勇处于风声鹤唳的危局中,溃不成军的骑兵冲散了本来就乱成一团的败军,疲惫不堪的士兵倒在路边再也无力迈步,损坏的火炮和辎重车辆被随意抛弃,完好的火炮和辎重车辆则因路况不好被敌军截获,分散的小股兵力在夜间因为迷失方向而落入敌手,只能任人宰割……这种结果,一般只有在胜负已经成为定局的情况下才会出现。

在战斗过程中,除了物质方面的损失,敌我双方在精神上也会有所消耗。一场战斗能否持续下去,必须同时考虑这两方面的情况。在双方的物质损失相等的前提下,精神力量往往会产生决定性的作用。

在战斗过程中,对比双方的物质力量损失显然有很大的难度,但是对比双方的精神力量的损失则比较容易,只需要对比阵地的得失和生力军的多寡即可做到这一点。比如我军的生力军损失惨重,这就说明在保持均势的过程中,我们使用了更多的兵力,也可以说明敌军占有一定的精神优势。这往往会使我们的统帅寝食难安,甚至会因此低估自己的力量。所以,阵地失守和生力军的缺乏,这两个因素往往会使统帅做出撤退的决定,当然,还有一些其他原因也会使统帅做出撤退决定,比如各个部队之间的联系和整个作战计划遭到破坏等。也就是说,在任何战斗中,都是物质力量和精神力量进行的较量,较量的方式则是流血和破坏,谁剩余的物质力量和精神力量越多,谁就会成为最后的胜利者。

我们之所以说在战斗过程中,精神力量有时候能够具有决定性的意义,是因为在胜负已经成为定局以后,精神力量的损失并不会因此而停止,相反,直到整个战争结束的时候,精神力量的损失才能到达终点。所以,通过摧毁敌军的精神力量,我们也可以从中获益,因为摧毁敌军的精神力

---

① 比如通过调度兵力对敌人形成了包围的态势,即使不需要发动攻击,也能对敌人形成很大的压力。——译者注

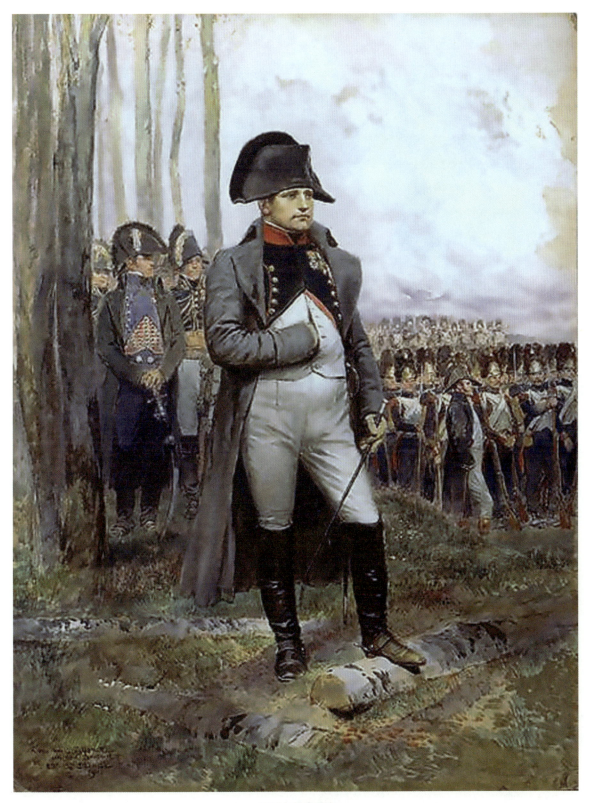

1806年的拿破仑

量有助于我们摧毁敌军的物质力量。敌军的阵形一旦被打乱、各个部队之间的协调机制一旦失去控制，即使个别军队进行困兽之斗也无济于事。在这种情况下，整个军队的士气就会受到严重的挫伤，原先那种敢于以身犯险的同仇敌忾的士气就会土崩瓦解，此时，危险非但无法激发勇气，反而会抑制勇气的产生。因此，军队一旦看到敌军势如破竹，他们自己就会迅速陷入士气低迷的境地，更无法依靠由危险而激发的勇气去克服危险。在这种情况下，胜利者则必须抓住战机，毫不松懈地摧毁敌军的物质力量，获得真正的利益——只有通过摧毁敌军的物质力量而获得的利益才是真正的利益，因为失败者的士气会再度恢复。

　　那么，胜利者的精神优势能够发挥多大的作用呢？事实上，胜利者在精神方面的优势在大多数情况下，只有其中的一小部分能够发挥作用，有时候甚至就连这一小部分都无法发挥作用，因为哀兵必胜，在某些情况下，陷入绝境的敌军进行困兽之斗有可能会扭转战局，因为先前的失败而遭到打击的士气反而会反噬胜利者。但是，胜利者获得的物质利益则是不会变的，比如使敌军遭到了多大的伤亡、缴获了敌军多少兵器。

　　战斗过程中的主要损失是兵员的伤亡，战斗后的主要损失是兵器和兵员被敌军缴获。对于敌

耶拿战役

　　1806年，英国、俄国、普鲁士、瑞典，组成第四次反法联盟向法国发动进攻，同年10月，拿破仑在耶拿战役中击溃普军主力，经由莱比锡攻取柏林，普鲁士名存实亡。

对双方来说,第一种损失是彼此都有的,只是损失的程度有高下之分,而第二种损失一般只有失败者才会遭受到,或者说失败者在这一方面的损失要大很多。在任何情况下,缴获的兵器和被羁押的战俘都是真正的战利品;对于胜利者来说,战利品也是衡量精神优势的一种尺度,还可以使人产生一种新的精神力量。

我们曾经说过,在战斗过程中和撤退过程中出现的士气低迷的现象是可以逐渐恢复的,有时候这种现象甚至会被人们完全遗忘,但是一般只有在单次战斗中才会这样,对于整体性的战争来说,这种情况很少出现;或者说,在军队中可能会出现这样的现象,但是对于军队背后的国家和政府来说,往往不会出现这样的现象。因为国家和政府看待问题的时候,需要站在全局性的立场上,而不能以个人好恶为出发点,通过被敌军缴获的战利品的数量以及伤亡数量,很容易看出自己的军队的软弱程度。

虽然因士气低迷而引起的后果不是绝对的,而且不一定会在整体性的战争结果中表现出来,但是我们仍然不应该对其有所忽视,因为遭到削弱的精神力量有时候会成为影响全局的重要因素,甚至会成为具有决定性意义的因素,所以在军事行动中,我们往往可以将打击敌军的士气作为一个重要的作战目标。接下来我们将要对其进行比较详细的阐述。

当我们因为击败敌军而使士气有所上升的时候,我军士气的上升程度必定和被歼灭的敌军数量是相关的,但是我军士气的上升程度和被歼灭敌军的数量的比例不是相同的,或者说这种比例比我们想象的要大——不仅包括士气上升的范围,还包括士气上升的程度。比如一支溃不成军的败兵很容易恢复秩序,只要有增援兵力到来(或者与友军会师),即使他们的士气无法恢复到原有的程度,但是与刚溃退时相比,仍然会有一定程度的上升。然而,如果是整个军队遭到溃败,情况就会有所不同,因为这会导致全军分崩离析,风声鹤唳。

有时候战胜敌军之后,我军士气的上升程度还取决于敌我双方的兵力对比。在以少胜多的情况下,胜利者得到的利益往往是成倍的,给予失败者的打击也是更为沉重的。然而在实际战争中,无论是对敌人的兵力还是对我们自己的兵力,我们往往难以知道准确的数量,而且兵力占据优势地位的一方有时候不愿意承认自己的优势地位(对于失败者来说尤其如此,因为在兵力占据优势的情况下被敌军击败,对己方的士气将会形成很大的打击),所以这种效果往往不容易看出来,被当事人掩饰的真实情况直到很久以后才能在史料中找到蛛丝马迹。对于以少胜多的指挥官和军队来说,这当然是一种荣耀,但是时隔久远,这一切都已经不能发挥什么作用了。

战俘和缴获的兵器是战胜敌军的主要标志,也是战争的纯利益,我们在部署战斗的时候必须注意这一点。当然,通过杀伤敌人的方式可以达到这个目的,但是这只是手段之一。在部署战斗的时候,这种手段的影响有多大并不是战略上的问题,但是由于战略对战斗具有决定性的意义,所以从这个角度来说,这种手段主要体现在如何通过保护自己的后方和威胁敌人的后方,以期获得更多的战利品。在大多数情况下,当战略上缺乏相应措施的时候,仅仅依靠战术是很难做到这一点的。

在被逼无奈的情况下与敌人两线作战是危险的,退路被截断的时候,情势无疑会更加危险。

在这两种情况下,由于军队的运动陷入瘫痪状态或者由于军队的抵抗力被削弱,都会对战斗结果带来决定性的影响。在作战失利的情况下,两线作战或者后路被截断会增大军队的损失,甚至会使损失增加到无法想象的程度——我们的军队可能会全军覆没。所以在或大或小的战斗中,我们必须本能性地尽力维护后方的安全,并且需要威胁敌军的后方。之所以说这种要求是本能性的,是因为这个要求是从胜利的概念——胜利并不仅仅是指杀伤敌人——中产生的。

无论何时何地,我们都应该将维护后方安全和威胁敌军后方当成最为紧迫的任务来对待,在任何一次战斗中,如果只是寄希望于发动强攻,而忽视维护后方安全或者威胁敌军后方,这都是难以设想的。即使是一支规模比较小的军队,也不能在不考虑退路的情况下就贸然向敌军发动进攻,因为在大多数情况下,人们都会注意去截断敌军的退路。由于客观条件的限制,我们在追求实现这种本能性的要求的时候往往需要因地制宜,所以实现这种要求必须面对重重阻力,在此过程中,我们必须克服哪些困难,又有哪些更为重要的目的是我们必须服从的,谈论这些问题的话会离题太远,所以我们在这里暂时只需要知道这种本能性的要求是战斗中的一个普遍法则就可以

耶拿战役之前,拿破仑阅兵。

耶拿战役中的法军骑兵发动冲锋

了。这种本能性的要求时时处处都会发生作用,时时处处都能使人感受到它的压力,所以它是任何战术活动和战略活动都必须围绕的轴承。

通过研究胜利的总的概念,我们可以发现其中包括三个要点:第一,敌军的物质损失更为惨重;第二,敌军的精神损失更为惨重;第三,敌军必须放弃自己的意图,并且得公开承认第一点和第二点。(只有具备这三个因素,才能说我们获得了胜利。)

关于双方兵员伤亡的报道从来不会是正确的,也很少是真实的,这些报道在大多数情况下往往只是掩人耳目的假消息,有时候甚至连公布的战利品的数量也是虚假的。如果报道中所说的战利品的数量不是很大,那么我们是否得到了胜利就有待商榷。至于精神力量的损失,除了将战利品作为衡量尺度,此外再无其他衡量依据。所以在大多数情况下,只要一方束手就擒,就可以因此认为另外一方获胜;自降军旗等于承认自己是错误的,也等于承认敌人是正确的。

通常来说,失败者束手就擒或者受到羞辱而引起的精神后果,与因为失去优势而引起的精神后果是不一样的。[1]因为前者是胜利者的战果中的一部分,而且这会影响公众舆论、敌国以及盟国。我们必须知道,退出战场并不是意味着放弃作战意图,甚至经过一场惨烈的战斗后退出战场(虽然惨败,但是不降)也是如此。[2]如果前锋经过激烈的战斗之后开始撤退,这能说是他们放弃

---

[1] 失败者束手就擒或者受到羞辱,指的是失败者因为放弃战斗而被对方制伏或者遭到羞辱;失去优势指的则是虽然失去了一定的优势,但是仍然在进行抵抗。——译者注

[2] 《战争论》是克劳塞维茨的草稿,作者没有来得及修改就猝然离世,所以有很多地方语焉不详,有人认为"经过一场惨烈的战斗后退出战场",指的是退出战场之后投降,但是综合上下文来看,这里指的应该是败而不降。——译者注

了自己的意图吗？所以，即使对于一场以消灭敌军为目的的战斗来说，也不能说退出战场就是放弃作战意图，比如有计划地撤退，指的就是一边撤退一边歼敌。在此我们只需要明白一点：在大多数情况下，放弃意图和退出战场的界线是模糊的，但是退出战场对于当事者和旁观者的影响是不容忽视的。

对于一些声誉不佳的统帅和军队来说，即使是迫于无奈而撤退，他们也会面临巨大的压力，这是因为，即使他们的连续性撤退并非是因为作战失利，旁观者也会认为他们是因为屡战屡败而节节败退，所以在此情况下，撤退者不得不显示自己真正的意图，以避免这种消极影响，然而，显示自己的真正意图就意味着必须公开作战计划。显然，这是难以做到的。

为了使大家更深刻地理解胜利这个概念的含义，我们先来回顾一下索尔会战。在本次会战中，腓特烈大帝得到的战利品不多，只有几千名俘虏和二十门火炮，考虑客观条件，腓特烈大帝本来决定向西里西亚撤退，但是在宣告获胜之后，他仍然在战场上逗留了五天。按照他自己的说法，他认为此次获胜之后，凭借如虹士气，能够轻而易举地与敌军媾和。此后，尽管他是在劳西茨赢得卡托利希－亨内斯多夫会战和克塞耳斯多夫会战之后，才与敌军签订了和约，但是我们不能因此而否认索尔会战的精神价值。

如果胜利能够有力地打击敌军的士气，那么我们获得的战利品就会堆积如山，对于失败者来说，这就是一次惨败。在这种情况下，兵败如山倒的失败者的士气就会分崩离析，他们此时往往会因为彻底丧失了还手之力而只能选择败退，甚至是全局性的败退。比如耶拿会战和滑铁卢会战就是这样的例子，但是博罗季诺会战不是。

惨败和一般性的失败的区别，只是失败的程度不同，只有老学究才会去强行寻找他们的界限。当然，在确立理论的过程中，理清一些概念是很重要的。我们在敌人惨败的前提下获胜，或者我们在敌人只是遭到一般性失败的前提下获胜，这是两种不一样的胜利。如果用同样的术语去描述这两种情况，这就是术语上的一种缺陷。

第五章　战斗的意义

我们在上一章中考察了战斗的绝对形态——将战斗当成战争的缩影进行考察。接下来,我们将把战斗作为一个整体中的一部分进行研究,同时还要研究这一部分与其他部分之间的关系。

首先,我们来探讨一下战斗的直接意义。

战争,是敌对双方进行的殊死较量,在此过程中,敌对双方必须用尽全力,并且需要运用这些力量在一次大规模的冲突中解决所有问题。在理论中和现实中,这种说法似乎是合理的;就像刨木的时候必定会产生刨花一样,如果我们把一些小规模的战斗当成类似于刨花的不可避免的损失,这种说法似乎也是成立的,但是实际中的问题并不是纸上谈兵就能解决的。

战斗次数之所以增多,是因为我们将兵力分成了不同的部分,所以必须对单次战斗的目的以及投入的兵力进行详细讨论。一般来说,这些战斗的目的和这些有目的的战斗是可以分类的,为了阐明我们的观点,接下来我们将先对它们进行分类。

所有的战斗的目的,都是歼灭敌军。然而,还有一些其他目的和这个目的是结合在一起的,其他的目的有时候甚至会占据主导地位。所以,我们必须区分两种情况:第一,歼灭敌军是主要目的;第二,歼灭敌军是主要手段。除了歼灭敌军,占领某地或者某个目标,有时候也是一次战斗的终极目的。我们在进行战斗的时候,面临的任务可能是这三者(歼灭敌军、占领某地或者某个目标)之中的一个,也可能是多个;如果任务是多个,那么其中往往有一个是最为重要的。在后文中,我们将要谈到两种主要的作战形式,即进攻和防御;采取这两种作战形式的时候,我们面临的任务中,第一个任务是相同的,其余两个任务是不同的。具体如下:

进攻	防御
歼灭敌军	歼灭敌军
占领某地	防御某地
占领某个目标	防御某个目标

如果我们考虑侦察和佯动,就会发现这个表格是不完整的,因为其中并没有将所有的目的包括在内,表格中的三个目的中的任何一个,都不是侦察和佯动的目的,所以,我们必须承认还有其

法军进入柏林

他目的存在。

侦察是为了得知敌人的动向（得知敌人的动向之后，可以通过骚扰手段使敌人疲于奔命），佯动则是为了诱使敌人离开某地，或者将敌人引诱到某地。一般来说，只有利用上述三种手段中的其中一种———一般是第二种，即以歼灭敌军为主要手段——才能间接达到这些目的。进行侦察就必须做出即将进攻的姿态，当然，这只是一种假象，而不是真正的目的，因为我们在这里讨论的是真正的目的，所以，我们必须在进攻者面临的三种任务之外加上第四种任务，即诱使敌军采取错误的措施。

防守一个地点有两种方式：一种是绝对的，即不许放弃防守地点；一种是相对的，即只需要在某个时间段内守住某个地点。在前锋或者后卫进行的战斗中，第二种情况尤为多见。

部署一场战斗的时候，必须考虑战斗任务。比如我们想从敌军的前沿阵地赶走他们的哨兵的时候所采用的方法，与我们将其全部歼灭的时候所采用的方法是不同的。又如，不惜任何代价坚守某个阵地与暂时遏制敌人的攻势所采取的的方法也是不一样的：在前一种情况下，撤退是逼不得已的；在后一种情况下，撤退则是有计划性的。这些问题都属于战术范畴，在此列举这些，只是为了引为例证，至于在战略上应该如何对待不同的战斗的不同目的，我们将在后文中予以论述，在此暂时只作一些一般性的说明：第一，这些目的的重要性在大体上是按照表中所列的次序递减的；第二，在主力会战中，占据主要地位的一般是第一种任务；第三，防御战斗的第二个任务和第三个任务是消极的，不能带来真正的利益，或者只有在它们有利于达到其他积极目的的时候才能带来利益，也就是说，如果这样的战斗过于频繁，往往预示着战略形势正在恶化。

第六章　战斗的持续时间

如果我们不局限于战斗本身，而是就战斗与军队之间的各种关系来研究战斗，那么战斗的持续时间就具有独特的意义。

在一定意义上来说，战斗的持续时间是从属于战斗的一种次要性成果。对于胜利者来说速战速决最好，对于失败者来说战斗时间则是越长越好；对于胜利者来说，胜利来得越快战果越大，对于失败者来说，失败来得越晚损失就越小。当然，这只是一种普遍性的情况，一般来说，只有在只需要坚守一段时间的防御性战斗中，这一点才更加具有现实意义。在这种战斗中，战斗结果往往只是取决于战斗的持续时间，我们之所以将战斗的持续时间作为一种战略因素，原因就在这里。

在战斗中有一些主要条件，例如兵力的绝对数量、敌对双方的兵力对比、兵种比例、地形等。战斗的持续时间与这些条件之间有一种必然性的联系，比如两万人不会像两千人那样被迅速消耗掉；抵抗兵力是自己一两倍的敌人比对抗势均力敌的敌人需要耗费更多的时间；骑兵对冲决定胜负的速度快于步兵厮杀；纯步兵厮杀决定胜负的速度快于夹杂着炮兵的战斗；在山地或者森林作战，行军的速度没有在平原地带行军的速度快。一言以蔽之，想通过战斗的持续时间达到某个目的，就必须考虑兵员数量、兵种比例等因素。

我们对战斗的持续时间进行专门探讨，并不是为了得出某些结论，而是想将通过经验得来的这些结论联系起来。

一支由不同的兵种组成的人数在八千到一万之间的普通的师，即使对抗的敌军兵力占据优势，而且地形对自己不利，他们也能抵抗几个小时；如果敌军的优势不大，或者双方旗鼓相当，那么这次战斗可能会持续半天。一支由三四个师组成的军，进行抵抗的时间能比一个师的抵抗时间多一倍，一支八万人到十万人的军队的抵抗时间则可以将战斗的持续时间延长两三倍。在我们列举的这些情况中，这些军队是独力作战的，如果在战斗期间有友军前来支援，经过扩充的军队所能发挥的作用，很快就能和已经斩获的战果合二为一，那么这仍然只能算是一次战斗。

这些都是我们从经验中得来的，但是我们认为，通过研究得出决胜时刻，进而得出结束战斗的时刻，同样是很重要的。

拿破仑与孩子们

第七章　决胜时刻

　　任何一次战斗的胜负都不仅仅是在某一个时刻决定的，也就是说，在任何一次战斗中，都有一些意义重大的关键时刻对战斗结果具有决定性的意义。

弗里德兰战役

　　弗里德兰战役是拿破仑与第四次反法联盟在弗里德兰进行的一次决战，决战的结果是法军获得了决定性的胜利，第四次反法联盟由此瓦解。

弗里德兰战役中的内伊将军

　　战斗是胜是负是一个循序渐进的结果,就像天平秤盘的缓缓升降一样。然而在任何一次战斗中,都有一个时刻可以被当成胜负已定的时刻,此后进行的战斗与此前的战斗相比已经是不一样的,或者说,在这个时刻之后的战斗是新的战斗,而不是原有战斗的继续。所以,我们必须对这个时刻形成明晰的概念,以便决定是否可以投入后备军继续发动有效的战斗。

　　在一些不具备决定性意义的战斗中,人们往往会滥用兵力,在可以扭转乾坤的战斗中,则往往会错失良机,放过一些可以利用生力军扭转局势的机会。

　　例如在1806年,霍亨洛黑侯爵在耶拿以三万五千人的兵力,对抗拿破仑率领的一支兵力为六七万人的军队,结果惨遭灭顶之灾。虽然吕歇尔将军曾企图率领一支一万两千人的兵力卷土重来,但是在拿破仑面前,他依然再蹈覆辙。

　　就在发生激战的同一天,大约有两万五千名普鲁士军队在奥尔施塔特附近,与达武率领的两万八千名法军进行鏖战,激烈的战斗一直持续到中午,虽然普鲁士军队被击败了,但是并没有被打成一盘散沙;虽然法军没有骑兵,但是奥地利军队遭到的损失并不比法军大(如前所述,纯步兵比步兵、骑兵兼有的军队更有战斗力)。当时,卡尔克洛伊特将军率领一万八千名生力军前来助战,但是奥地利军队错失良机,没有有效地利用生力军。

　　任何一次战斗都是一个整体,这个整体的结果,由各个部分产生的结果汇集而成,一次战斗的结果如何,就是由这个总的结果决定的。但是,这个总体性的结果不一定就是我们之前说过的那种胜利。[①]之所以出现这种情况，有时候是因为我们制订了能够获得这种胜利的计划，有时候是因为敌人见势不妙而及早撤退，没有给我们创造获得这种胜利的机会。而且，在大多数情况下——即使是在敌人负隅抵抗的战斗中——我们往往还等不到获得大量的战利品的机会出现，决胜的时刻就出现了。

那么，什么是胜负已定的时刻呢？或者说，在我们落到下风的时候，从哪一刻开始，即使投入规模相当大的生力军也无法扭转乾坤呢？如果不考虑那些没有胜负可言的佯攻，那么，这样的时刻应该具备三个特点：

第一，如果战斗的目的是夺取一个活的目标，那么敌军丢失这个目标的时候就是胜负已定的时刻（比如擒获对方的统帅）。

弗里德兰战役中的法军第四猎骑兵团

第二，如果战斗的目的是占领某地，那么敌军无力防守的时候就是胜负已定的时刻。当然，情况并非总是如此，一般来说，只有这个地点的攻坚难度特别大的时候才是如此。如果这个地点容易失守，那么即使它再重要，敌人也不愿冒险夺回。

第三，在不能以上述两种情况决定胜负的其他所有场合，尤其是在以歼灭敌军为主要目的的

①　此处语意模糊，这里所说的"我们之前说过的那种胜利"，可能说的是那种能够得到大量战利品的大捷。——译者注

弗里德兰战役

场合，如果胜利者没有因为志得意满而跋扈轻敌，从而给敌军造成可乘之机，失败者即使投入生力军也无法反败为胜，那么这一刻就是决胜时刻。因为这个道理，我们才在战略上以决胜时刻为依据来划分战斗单位。

在战斗中，如果只有一小部分敌军因为陷入混乱而失去作战能力，或者说敌军的作战能力依然锐利如初，而我军却在不同程度上濒临崩溃，那么我们就无法继续进行战斗；如果敌军在丧失了作战能力之后又迅速恢复如初，那么我们也无法继续进行战斗。所以，参与实际对敌作战的兵力越小，生力军的数量越大（仅仅是生力军的存在，有时候就可以左右胜负），敌军利用生力军扭转乾坤的可能性就越小。

任何统帅和军队，只要他们能在战斗中最合理地使用兵力，并且能够时时处处充分利用强大的生力军的精神威力（震慑敌军），就越能夺取最后的胜利。我们必须承认，在当今这个时代，特别是在拿破仑亲自指挥的战斗中，这个特点表现得是很明显的。

对于胜利者来说，他们所投入的参与实际战斗的兵力越小，就越是能够及早消除战后危机（比如敌军卷土重来，伺机反扑），并且越是能够及早恢复作战能力。比如一小队骑兵在快速出动将敌军逐远之后，在几分钟内就能恢复原来的作战队形，战后危机的持续时间也不会很长；整个骑兵团（在同样的情况下）恢复秩序需要比较长的时间；成散兵线的步兵恢复作战队形所需要的时间则会更长。再比如一支由不同兵种组成的军队，其中各个部分的行进方向是不同的，一旦开始战斗，作战队形很快就会陷入混乱，所以恢复作战队形就需要很长的时间。总之，在战斗中，胜利者如果想将作战队形混乱——无论是整体性的混乱还是一部分兵力的混乱——的军队重新集合起来，配置在合适的地点，是需要很长时间的，一般来说，队伍越庞大，所需要的时间就越长。

此外，对于胜利者来说，在战后危机还没有被彻底消除的时候，黑夜的到来和复杂的地形，也会增加恢复秩序的难度。然而，黑夜对于胜利者来说也是一种有效的掩护手段，不过失败者通过发动夜袭而扭转战局的情况是比较罕见的，像1814年3月10日约克在拉昂对马尔蒙发动成功袭击的例子是少之又少的。同样，复杂的地形也有这种掩护作用，能够保护胜利者不遭到敌军的反扑。当然，对于失败者来说，黑夜和复杂的地形无疑会增加发动反攻的难度。

需要注意的是，我们在上面所说的失败者的援军，指的是单纯地增加兵力，也就是说从作战军队的后方赶来的援军。然而，如果援军是从别的方向赶来——比如援军是从敌军的侧面赶来（能够直接攻击敌军侧翼），或者从敌军后方赶来（能够对敌军形成腹背夹击之势）——情况就会有所不同。侧翼攻击和背后攻击在战略范围内的效果，我们将在其他地方讨论，我们在这里暂时先谈谈属于战术范畴的这种攻击的效果，因为只有这样，我们才能由浅入深地在战略范围内对之进行探讨。

攻击敌军的侧翼和后方能起到事半功倍的效果，但是这并不是绝对的，有时候发动这种攻势反而会降低攻击效果，这主要是由影响战斗的各种条件决定的，在这里我们暂时不进行深入探讨，只需要知道下面这两点是很重要的：

第一，在胜负已定的情况下，攻击敌军的侧翼或者后方对于战果的影响，通常比对决定胜负的那些因素的影响大。在战斗中，我们首先应该争取的是获得胜利，而不是计较战果的大小。因此，我们认为如果有援军赶来，它应该先直接与友军会和作战，而不是先去攻击敌军的侧翼和后

弗里德兰战役中的法军炮兵

弗里德兰战役中发动冲锋的法军胸甲骑兵

方。当然,有时候应该这样做,有时候不应该这样做,之所以这样说,原因就是我们即将说到的第二点。

第二,突然出现的援军一般都会对敌军形成突如其来的震慑力。当我军即将胜利的时候,敌人则处于危机状态或者混乱状态,我方的援军出其不意地攻击敌军的侧翼和后方,这对敌人的冲击是很大的。在战斗初期,敌军的阵形比较严整,兵力集中,攻击他们的侧翼和后方往往不会有什么效果,但是到了战斗末尾情况就截然不同了。这一点不是很清楚的吗?

由此,我们可以不假思索地承认,在大多数情况下,援军攻击敌军的侧翼和后方往往有事半功倍的效果,这就好像在施加同样的力量的情况下,将力量运用到杠杆上力臂较长的一端能发挥更大的作用。或者说,一支从正面发动进攻力有不逮的军队,如果向敌军的侧翼和后方发动进攻,则能发挥比较大的作用。在此过程中,精神力量的作用是比较大的,敢于冒险的精神在此过程中尤其有用武之地。在面对不利局面的时候,如果不确定是否能够扭转不利局面,就必须考虑我们在上面说到的问题。

如果一场战斗还没有结束,那么援军所进行的新的战斗就会和原有的战斗合二为一,并且斩获共同的战果,先前所遭受的失败也可因此被一笔勾销。但是,如果胜负已定,那么援军进行的战斗和原先的战斗,就是各自独立的。如果援军的兵力无法有效地与敌军进行对抗,那么就很难对新战斗寄予重振声势的希望;如果援军的兵力强大到可以无视先前遭受的失败,那么,即使它能以新的胜利抵消先前的失败,或者能够斩获更大的战果,先前遭受的失败也无法被完全消除。

在库涅斯多夫会战中,腓特烈大帝在刚开始占领了俄军的左翼阵地,并且缴获了七十门火炮,但在会战结束时,这些战果又被敌军夺回了。如果腓特烈大帝适可而止,将会战的后续部分推迟到第二天进行，那么即使他失败了，战斗初期的收获也能补偿这个损失。

如果在进行战斗的过程中，我们能够见微知著，提前预料到可能会出现的不利局面，并且能够扭转这种不利局面，那么我们不但可以消除目前的危机，甚至有可能在此基础上获得更大的胜利。

从整体性的角度——或者说从战术角度——研究一场战斗，那么我们可以知道，在战斗结束之前，组成整体战斗的各个小规模的战斗所获取的结果都是暂时性的，在总体性的结果中，这些暂时性的结果有可能被抵消，甚至有可能转向相反的方向。我军的损耗越大，敌军的损耗和面临的危机也会越大，在此形势下，我方生力军的优势就越大。如果（投入生力军之后）总体结局对我们有利，我们从敌军手中夺回了阵地和战利品，那么敌军此前为夺取阵地和战利品做出的牺牲，就成了我们的纯利益。在能够获得最终胜利的情况下，敌军会认为为了胜利而做出牺牲是值得的，但是失败之后，他们就会为这些牺牲而懊悔。

艾劳会战

法军与第四次反法联盟作战期间，还有一次重要的战役，即艾劳会战。在此战中，法军与俄军都展现了惊人的英勇，虽然名义上最终的胜利者是法军，但是法军的伤亡并不在俄军之下。

如果我们具有决定性的优势，那么我们就可以用更大的胜利来打击敌人，最好的办法就是在战斗还没有结束的时候就给予敌军雷霆一击，而不是在失败之后卷土重来，发动第二次战斗。1760年，劳东将军在莱格尼察作战时，道恩将军曾经想施以援手，然而在劳东将军遭到惨败时，兵力雄厚的道恩却没有在第二天进攻腓特烈大帝。由此可见，在会战之前进行战况惨烈的前锋战，只是不得已而为之，一般情况下应该予以避免。

接下来我们来研究另一个问题。

一次已经结束的战斗，无法成为进行一次新的战斗的理由，而进行一次新的战斗必须要有一定的情况为依据。当然，全军上下都有同仇敌忾心理的情况除外。[①]下自号兵，上至统帅，都有这种强烈的复仇心理，没有别的情绪能比复仇心理更能激发起军队的斗志，但是只有在遭到打击的我军只是一小部分的前提下，这种心理才有用武之地，如果说是整个军队都遭到了溃败，那么即使有这种心理也无济于事。在条件允许的情况下，为了扭转不利局面而发动第二次战斗时，利用同仇敌忾的复仇心理则是自然而然的，在这种情况下发动的第二次战斗也必然是进攻。规模较大的会战通常是由其他原因引起的，复仇心理往往作用不大，但是在许多从属性的战斗中，我们可以找到很多利用复仇心理作战的例子。

1814年，令人尊敬的布吕歇尔将军的两个军在蒙米莱遭到惨败，三天之后，也就是2月14日，布吕歇尔将军率领第三个军在先前遭到惨败的地点再次与敌军激战，显然，是复仇心理驱使布吕歇尔将军这么做的。当时，布吕歇尔将军以为自己将要面对的敌人是马尔蒙，如果他能知道这一次会战即将面对的敌人是拿破仑，那么他就可以暂缓复仇计划，结果复仇心理不仅没有使他洗雪前耻，反而使他再次铩羽而归。

如果几支军队面临的任务是一样的，那么就需要对这些军队进行相应的调度，这就是战术部署。至于这些军队之间的距离，则取决于战斗的持续时间和决胜时刻。但是需要说明的是，只有这些军队之间能够遥相呼应，距离不是很远，进行的战斗不是彼此独立的时候，或者说从战略上来看，这些军队所占据的位置可以被当成一个点的时候，这种配置才能被视为战术部署。事实上我们可以看到，有时候即使有些军队担负的任务是相同的，它们之间也不得不保持相当远的距离，当然，它们各自进行的战斗也有一定的独立性，这种配置就是战略部署。从战略角度来说，这种战略部署好像辅币，而主力会战以及具有同等地位的其他部署则是主币。

---

① “一次已经结束的战斗”和“新的战斗”并不是两场独立的战斗，而是从属于一场战斗的不同的组成部分，或者说是先期战斗和后续战斗。“一次已经结束的战斗……情况除外”，这句话的意思应该是，进行一场新的战斗必须有一定的客观情况为依据，虽然同仇敌忾的心理也可以成为进行一场新的战争的依据，但是这是一种主观依据。——译者注

艾劳会战

据说拿破仑在艾劳会战之前，由于兵力不足原打算打一场防御战，但是实际上却打成了一场进攻战，因此在战斗后期甚至出现了生力军不足的危险。幸好他及时调整战术，才得以扭转战局。

第八章 战斗是否需经双方同意

战斗必须经过双方同意，搏斗就是建立在这个思想上的。

一些理论家依据这一思想得出了一些令人发噱的理论和错误的观念。在其著作中，他们总是喋喋不休地陈述这样一个思想：一个统帅向另一个统帅挑战，但是对方并未给予回应。

作为一种扩大化的搏斗，战斗的基础主要包括敌对双方的争强好胜心理（同意战斗），还包括一些同战斗联系在一起的目的。当然，这些目的从属于更大的整体，不仅如此，即使将整个战争当成一个整体性的斗争时，这个整体性斗争的政治目的和条件也同样属于更大的整体。因此，构成战斗的基础之一——争强好胜的心理——也是居于从属地位的，它无法独立存在，而是从属于更高的意志。

"向敌军挑衅而徒劳无功"，在古代或者在常备军出现初期，这句话比较有现实意义，在现代则几乎没有什么意义。古代的战争是在一望无垠的开阔地带进行的，因为当时的军事艺术主要表现

万人骑兵大冲锋

艾劳会战期间，法军还发动了一次极为壮观的万人骑兵大冲锋，但是被俄军从正面击退。会战结束之后，法军将领内伊巡视战场时，称此次战役其实就是一场惨烈的大屠杀。

艾劳会战

在军队的编制和战斗队形上，所以往往会将平原地带作为会战地点。在这样的地方，军队通常都驻扎在难以侵犯的营寨里，只有敌军离开营寨来到开阔地带迎战的时候，才能进行会战。如果有的人说，汉尼拔向非彼阿斯挑战而徒劳无功，那么这仅仅意味着这次会战不在非彼阿斯的考虑范围之内，只是汉尼拔希望进行会战，并不能说明汉尼拔在物质上和精神上占有优势。

常备军出现初期的会战与古代战争相似，一支庞大的军队必须事先列好作战队形，才能进入战场与敌军交锋。这样的军队是一个笨拙的庞然大物，一般只有在平原地带才能有效发挥战斗力，如果是在地形复杂的地区，它的攻防能力都会受到很大的限制，所以防御者往往会利用这一点避免会战，直到第一次西里西亚战争期间，这种作战方法才销声匿迹。

七年战争期间，在地形复杂的地带进行战争逐渐被越来越多的人接受。到了现代，对于那些想利用地形的人来说，地形虽然可以在一定程度上发挥效用，但是它已经无法成为束缚战争的制约性自然力量。三十年来，地形对战争的束缚越来越小，对于那些想通过战斗来一决高下的人来说，似乎再也没有什么能够阻止他们发现敌军和进攻敌军。如果他不这样做（发现敌军的动向，然后向敌军发动进攻），就不能认为他是想进行战斗，所以，"向敌军挑衅而徒劳无功"，在这个时代的意思，就是说战斗时机不成熟。

显然，在如今这个时代，防御者已经不可能拒绝战斗了，他们只能通过不战而逃来避免战斗。当然，进攻者在这种形势下获得胜利只能算是半个胜利，或者说只能说胜利者占据了优势。在掩饰进退维谷的窘境时，"向敌军挑衅而徒劳无功"这种说法在历史上曾经经常被挑衅者作为文过饰非的借口，但是这种借口现在已经不适用了。

　　只要防御者依然坚守不退，这就说明他依然希望继续战斗，在没有遭受攻击的情况下，也可以说他这样做其实是在挑战。在如今这个时代，只要能够逃避战争，或者只要还有避战的希望，人们就不会在被迫的情况下进行战斗。然而从敌人的逃避行为中获取利益并不能使进攻者得到满足，对于进攻者来说，他们更希望看到的是通过一次真正的战斗来获得胜利，所以有时他们会通过一些巧妙的办法迫使敌军应战。

　　所谓的巧妙的办法，主要有两种，一是包围敌军，截断敌军的退路，使敌军意识到后退无望，进而被迫应战；二是发动奇袭。

　　在各种战术性活动都进行得比较缓慢的年代，向敌军发动奇袭是一种流行的作战方式，但是在如今这个时代，这种方式所能起到的作用比之从前已经有所降低。因为现代军队的机动性已经大为提高，即使在敌人的火力攻击范围之内也能撤退，只有在地形条件不利的时候，撤退的难度才会比较大。

贝尔纳多特

贝尔纳多特是拿破仑麾下的猛将,在艾劳会战期间战功显赫,此人是一个著名的共和派人士,手臂上刺有"暴君亡"。

第九章　主力会战（一）

主力会战，即敌我双方的主力之间的战斗。这样的战斗不是为了次要目的而进行，也不是那种发现形势不妙就放弃目的的试探性活动，而是倾尽全力为了夺取最后的胜利而进行的斗争。

由于产生主力会战的条件不同，所以不同的主力会战有不同的特点。在一次主力会战中，除了主要目的，还会有一些次要目的；由于对于更大的整体来说，主力会战也可能居于从属地位，所以主力会战往往只是整体性战争的一部分。然而，由于战争的实质是战斗，作为彼此的主力之间的战斗，必定会成为战争的重心。所以从总体上来看，主力会战最为明显的特点，就在于它的独立性比较明显，或者说比其他任何战斗的独立性都要大。

主力会战如何决定胜负；主力会战的效果有多大；作为一种达到目的的手段，军事理论应该给予主力会战什么样的评价；这些问题都会受到主力会战的独立性程度的影响。因此，我们有必要将主力会战作为专门的研究对象。

在论述与主力会战有关的一些特殊目的之前，我们先来对主力会战进行一些一般性的研究，因为只要主力会战是名副其实的，那些特殊的目的就不会影响它的性质。

由于主力会战具有独立性，所以主力会战的胜负应该由主力会战自身来决定。也就是说，只要还有击败敌军的可能，我们就应该在会战期间决胜，不应该因为某些原因放弃会战，除非在兵力不足的情况下才可以考虑卷土重来的可能。

那么，我们怎么样才能嗅到决胜时刻已经到来的气息呢？

巧妙的作战队形是一支军队能够无往而不利的主要条件，通过观察现代军事艺术，我们很容易就能看出这一点。如果这一点具有普遍性的意义，那么我们认为当作战队形被打乱而成为一盘散沙的时候就是决胜时刻，只要侧翼之一被击溃，仍然在与敌军进行激战的其他军队的命运就注定了。

在历史上，人们曾经认为防御的实质就是军队与地形、工事掩体的紧密结合，（如果这种看法在如今仍然具有现实意义，）那么，占领敌军阵地的主要地点之后，就意味着决胜时刻已经到来。所以人们常说，要塞重镇失守，整个阵地就失去了屏障，会战也无法继续进行。

在上述两种情况下，被击败的军队就像断弦的乐器，无法继续演奏动听的音乐。然而，上文所说的这两种原理在如今已经失去了主导地位。也就是说，尽管现代的军队也是列队作战，利用地形也可以增强防御能力，但是队形和地形已经不再具有主导性。

战场上身先士卒的拿破仑

　　在前面讲述现代会战特点的时候，我们曾经说过，战斗队形只是使用军队的一种手段，作战的过程，就是敌对双方为了消耗敌军兵力而逐渐投入自己的兵力的过程。（先耗尽兵力为败，反之为胜。）因此，与其他非主力会战相比，在主力会战期间是否打算撤退，往往取决于双方的生力军的对比，因为那些正在参与会战的精力疲惫的军队，是无法与士气如虹的生力军相提并论的。

　　我们曾经说过，丧失的领地也是衡量精神损失的一种依据，所以它也应该被列入考量范围。但是，这种损失只是一种标志，而不是损失本身①，所以生力军的数量才是双方统帅应该关注的主要问题。

――――――――――
①　这句话的意思应该是，只要还有生力军，丧失的领地就有夺回的可能，因为与领地相比，兵力更为重要。由于《战争论》的原文是草稿，所以有些地方只能结合上下文进行推测。――译者注

瓦格拉姆战役

第四次反法联盟失败之后，普鲁士、奥地利等国于1809年组织第五次反法联盟，主动进攻法国。同年7月，法军与奥地利军队在瓦格拉姆发生激战，由于缺乏兵力，奥地利被迫求和，拿破仑再次获胜。

　　会战结局的苗头刚刚出现的时候一般不是很明显，然而，有时候我们在部署会战的时候，会战的结局基本上就注定了。作为一个统帅，如果不能见微知著，并且在局势不利的时候发动会战，那么他就是没有洞察力。退而言之，即使这种苗头没有在部署战斗时和会战初期表现出来，那么在会战过程中，随着均势的变化，它也会逐渐显现。有的人闭门造车，认为战斗均势在会战中的变化是变幻不定的，事实上这是一种错误的说法。

　　尽管均势局面可能在很长一段时间内无法被撼动，或者其中一方失败后也可以重新卷土重来，甚至有可能反败为胜，但是在大多数情况下，面临不利局面的时候，一个优秀的统帅是能够见微知著的。如果有的人认为一些偶然性的突发情况影响了整个战争的进程，那么这多半是他们文过饰非的借口。我们相信，那些公正而有经验的人必定会认同我们的看法，如果那些没有战争经验的人对我们提出质疑，这些公正而有经验的人也会为我们进行辩护。

　　由于及早察觉到了危险的气息，所有那些面临不利局面的统帅通常会做出撤退的决定，但是有时候会出现一些与此有抵触的情况，那就是不利局面出现之后继续投入兵力，希望能够借此扭转战局，这就可以解释为什么有时候一支军队陷入险境之后还会坚持战斗很久才撤退。

　　有时候还会出现一些特殊情况：已经注定失败的一方反败为胜，已经注定胜利的一方反而铩羽而归。当然，这种情况极为罕见，不过有时候心存侥幸，只要还有一丝力挽狂澜的可能性，他们

卡尔大公

卡尔大公是奥地利军事统帅,在瓦格拉姆战役期间曾设伏诱使法军进入包围圈,给法军造成了比较沉重的打击,他也因此而成为首位使拿破仑受挫的抗法名将。

就会坚持作战。在理智与勇气不抵触的情况下,他们总是希望通过忍受疲劳来发挥可贾之余勇,并利用命运女神的青睐来扭转不利局面。

说到这里,我们不妨多说两句。但是在此之前,我们先来谈谈什么是战斗均势发生变化的苗头。

一场整体性的战斗,是由各个不同的战斗组成的,各个不同的战斗的结果主要表现在三方面:

拿破仑远征俄国

1811年，俄国沙皇亚历山大一世因为拒绝与法军合作封锁英国而触怒拿破仑。1812年，拿破仑为了惩罚俄国，集结大军50万远征俄国。

第一，各个不同的战斗结果体现在指挥官的意志上。比如一个师长看到下属各营溃败，那么在呈交给统帅的报告中，他的看法就会影响统帅的决策。即使有些失败是可以补救的、暂时的，它们也会影响统帅的决策。

第二，各个不同的战斗结果体现在兵力损耗上，具体地说，表现在我军损耗快于敌军这一点上。这种损耗是缓慢而有序的，在现代会战过程中很容易看出来。

第三，各个不同的战斗结果体现在丧失的领地上。

这三点就像一个指南针，统帅很容易通过它辨认出前进的航向。

如果自己的炮兵全军覆没，却没有缴获敌军的火炮；如果自己的步兵营地被敌军的骑兵打得溃不成军，而敌军的步兵依然坚不可摧；如果自己的军队的火力分布线不得不从一地撤退到另一地；如果进攻敌军阵地而徒劳无功，自己的步兵每次都被敌军的强势火力攻击得风流云散；如果在炮战中我军的火力减弱；如果仍然可以作战的兵力随着伤员的后撤而兵败如山倒，致使交火地点的兵力锐减；如果我们的作战计划遭到破坏，一部分兵力进退失据或者被俘；如果退路被敌军截断；那么，见微知著的统帅就可以由此而嗅到危险气息——战斗均势发生变化的苗头。这种苗头表现出来的时间越久，败局已定的趋势就越明显，反败为胜的可能就越是微乎其微，在此形势下，我们离撤退的时刻就越来越近。

俄军老兵

接下来我们就来谈谈这个撤退的时刻。

生力军的数量是决定最终胜负的主要依据,我们此前曾多次指出这一点。如果统帅看到敌军的生力军占据优势,那么他就应该决定撤退。现代会战的特点是,作战过程中的所有损失,都可以通过生力军来挽回,因为在现代的会战中,战斗队形的组成方式和依次投入兵力的作战方式,能够使人们随时随地应用生力军。即使面临的局面不利,但是只要生力军依然占据优势,那么统帅就不会弃战而逃;同理,如果自己的生力军少于敌军,就可以因此认为胜负已定。在此形势下,应该采取什么对策,统帅应该因时因地而定:一方面必须看到具体情况,一方面得看自己的勇气和毅力有多强——有时候这会变成冥顽不化。

统帅怎么做才能正确地估计双方生力军的对比,这是实践过程中技能问题,不能在此纸上谈兵,泛泛空谈。

我们在这里想说的是,看出败局苗头的时候,依然不一定是决定撤退的时刻。因为这仅仅是一个苗头,只是统帅做决策的一个一般性的依据,要想下定决心还得视其他特殊因素而定。有两个特殊的因素经常发挥作用,即撤退时的危险和黑夜的来临。

如果在撤退过程中可能遭到灭顶之灾(被追击),而且损耗严重的生力军无法扭转局势,那么,这就只能听天由命,或者尽量有秩序地撤退。如果在此情况下依然犹豫不决,那么这就会面临全军覆没的危险。

一般而言,只有在特殊的条件下进行夜战才能获利,所以所有的战斗都会在黑夜来临的时候结束。与白天相比,利用夜色的掩护易于撤退,所以,凡是下定撤退决心或者打算撤退的统帅,都愿意在黑夜来临的时候撤离。

莫斯科兵团发动进攻

俄法骑兵对冲

除了上述两种因素（撤退的危险、黑夜来临），还有一些细微但是不容忽视的特殊因素，也会促使人们下定撤退的决心。因为会战越是临近胜负苗头出现的临界点，组成整体性战斗的各个部分的结果，对胜负苗头的影响就越明显，比如一个炮兵阵地失守、敌军的几个炮兵团势如破竹地攻入我军阵地，等等，都会促使统帅下定撤退的决心。

接下来，我们来谈谈统帅的勇气和理智之间的斗争。

（在面临失败的前提下，）由于战无不胜的功绩而产生的傲慢情绪，由于生性倔强而产生的坚强意志，由于激情而产生的顽抗精神，都会促使一心维护光荣与梦想的统帅坚守不退；然而，清醒的理智却在劝阻他不必铤而走险，而是应该保留有生力量，有序撤退，以图他日东山再起。

在战争中，勇气与顽强的重要性是不容置疑的，尽管那些没有不达目的誓不罢休的勇气的人的胜算很小，但是勇气和坚强应该有一定的限度，如果超出这个限度，那么我们所进行的抵抗就是垂死挣扎，是疯狂而愚蠢的行为，这也是任何批判者都无法原谅的。比如在著名的滑铁卢战役中，拿破仑孤注一掷地使用了所有的兵力，企图东山再起，但是最终他还是狼狈而退，逃出了自己的祖国。

第十章　主力会战（二）：胜利的影响

　　有的会战的战果辉煌得令人瞠目结舌，有的会战因为徒劳无功使人匪夷所思，由于立足点不同，所以人们看到这些战果的时候看法不一。下面我们就来说说一次大胜利的影响。

　　这种影响主要表现在三方面：第一，对统帅及其军队的影响；第二，对参战国的影响；第三，上述两种影响在后续战争过程中所起的真正的作用。

博罗季诺会战

　　1812年夏季，俄军在博罗季诺附近建筑防御工事，意图迫使法军在不利的地形上作战，通过防御来消耗法军，拿破仑则希望集中兵力，通过发动一次大攻击来全歼俄军。同年8月26日，俄军达到战略目的，逐渐掌握了作战主动权，法军则相应地落到了下风。

博罗季诺会战前夕，拿破仑视察阵地。

法军攻入俄军炮兵阵地

胜负双方在伤亡人数、俘虏和火器损失方面的差别往往不是很明显。如果只看到了这些差别中的不显著的东西，那么我们就无法理解这些东西所产生的结果，当然，这是很自然的事，出现这个问题不值得大惊小怪。

我们在前面说过，失败者被击溃的军队数量越大，胜利者的战果就越大，但是胜利者的战果往往大于失败者的被击溃的军队数量。

一场大规模的战斗都会损耗大量的物质力量，这种损耗反过来也会影响精神力量，无论对于胜利者还是对于失败者，这种大规模的战斗的结局对他们的精神影响都是比较大的：对于胜利者

萨克森骑兵

萨克森骑兵是法军骑兵中的一支精锐力量，博罗季诺会战之前，由于军用物资没有及时送抵前线，致使萨克森骑兵没有胸甲就得上阵，但是他们在此战中依然发挥了惊人的效力。由于作战过于勇猛，俄军不得不调集好几个骑兵师对其进行围剿。

来说，这能鼓舞士气，加强力量；对于失败者来说，这使人灰心沮丧。所以人们应该重视这种精神影响。但是这种精神影响主要还是对失败者发挥作用，因为对于失败者来说，这往往会造成其他的直接损失。

战争中的困难因素多不胜数，比如危险、疲累等，上面所说的精神作用与这些困难因素的性质

是相同的,而且这种精神作用与这些困难因素结合在一起之后,它的影响会更大。

每一次大规模的战斗之后,(由于精神作用的影响,)失败者的力量会有所下降,胜利者的力量会有所上升,而且前者下降的程度大于后者上升的程度,所以我们谈到胜利的影响时,主要指的是失败者所受的影响。

如果说与小规模的战斗相比,这种现象在大规模的战斗中表现得更加明显,那么同理,这种现象在主力会战中的表现,也比在从属性战斗中的表现明显。

主力会战的目的,是在进行会战的时间和地点克敌制胜,与战争有关的所有计划、措施,以及对于未来的展望,都会在主力会战中有所体现;由于主力会战的独立性比较强,所以我们应该尽最

正在冲锋的萨克森骑兵

博罗季诺会战当天,当战局陷入僵持状态时,拿破仑命令萨克森骑兵发动冲锋,受命发动攻击的萨克森骑兵在发动第一击的时候,居然撕裂了俄军的两道防线,甚至连剽悍的俄军近卫胸甲骑兵在萨克森骑兵面前都没有还手之力。

大的努力夺取最后的胜利。

这是命悬一线的问题,在此形势下,我们必须保持高度的警惕性,下自看护辎重的士卒,上至统帅,都必须保持这种心态。当然,职位越低的人的警觉性也会越低。

从事物的性质来看,无论在什么时代,主力会战都不是突然性的草率之举,而是一种举足轻重的大规模军事行动。就这种行动自身的性质和指挥官的意图而言,主力会战都比一般性的战斗更

能使人紧绷心弦；人们越是高度重视战斗结局，战斗结局的影响就越大。

三十年战争期初期，胜利的精神影响所起的作用没有现代会战中的大。我们在前面说过，现代会战是敌对双方的真正的战斗，在此过程中起决定性作用的，是物质力量和精神力量的总和，而不是个别的举措，更不是偶然性。

见兔顾犬未为晚，亡羊补牢未为迟，即使现在有所失，但是如果在未来能得到偶然的机会，就可以得到更大的益处。但是，改变精神力量和物质力量的总和是一个长期的过程，所以，一次大捷对物质力量和精神力量的影响，能够在未来产生长远影响。虽然参与会战的人中，能够考虑这种变化的人屈指可数；但是，会战过程本身能够使参战的人对此有深刻体会。在一些公开报道中，虽然人们在说到会战过程时，可以用一些个别性的情况来掩人耳目，但是人们仍然可以或多或少地看出，胜负的结局取决于总体，而不是取决于个别情况。

如果没有经历过以惨败收场的大会战，我们就很难对这种会战形成直观而真实的认识；如果我们对作战失利的概念只是局限于小规模的战斗，那么我们就很难理解以惨败为结局的大会战。

接下来让我们来看看这种惨败的大会战的场景。

在这样的大会战中，能够影响人的智力的，首先是兵力损耗；其次是丢城失地（这是常见的现象，不顺利的时候，即使是进攻者也会丧失领地）；再次是混乱的作战队形；然后是大撤退（往往在黑夜来临时开始）。

大撤退一开始，那些散兵游勇和疲惫不堪的士兵就得被抛弃——但是在冲阵的时候，这些人恰恰是最为勇敢的勇士。遭到惨败的挫折感本来只有高级指挥官才有深切体会，但是在大撤退的形势下，这种挫败感会迅速在全军蔓延开，特别是当他们想到那些平时深受敬重的同胞落到敌军手中的悲惨景象时，这种挫败感就尤为强烈。此外，由于很多人认为自己落到如此境地都是因为上级指挥不力，所以他们都会对指挥官有所怨言，甚至会产生不信任的情绪，当然，这会使人更加难以承受挫败感。这种挫败感并不是虚幻的想象，事实上它是敌军占据优势的证明。在大会战初期，某些原因可能会掩盖敌军占据优势这个事实，但是在大撤退的时候，这个事实就会水落石出。或者，人们可能早就对这一点了然于胸，但是在没有看到实际情况之前，他们寄希望于偶然性的幸运，所以才会铤而走险。然而，当一切成为泡影时，严峻的现实就会摆在他们面前。

我们在上面所描述的这种情况，并不能简单地说这是惊慌失措。会战失败不一定会使一支训练有素的有武德的军队陷入手足无措的境地；其他军队陷入惊慌失措的境地，也只有在个别情况下是因为在会战过程中遭受惨败，但是我们在上面描述的这种情况，即使在训练有素的精锐之师中也能见到。

即使长期的战火锤炼、战无不胜的历史功绩，以及对统帅的信任，在某些情况下可以减少这种惊慌失措的情况，但是在出现失败端倪的时候，这种情况却是无法完全避免的。由于火炮被敌军缴获、兵员被敌军俘获往往出现在大会战末期，而且这种事情也不会在整个阵地被迅速传得沸沸扬扬，所以这种事情一般不会成为引起惊慌失措现象的主要原因。或者说，由于战斗均势发生变化的过程是缓慢的，所以它不会成为引起惊慌失措现象的原因，但是惊慌失措的现象在任何情况下都是产生胜利的影响的原因之一。

我们曾经说过，战利品的数量可以加强胜利的影响。

在大撤退的情况下，作为战争工具的军队将会遭到多么沉重的打击！处于这样的困境中，即使面临的困难并不是很大，这也足以使已经遭到削弱的军队焦头烂额，在这种形势下，我们怎么能够把反败为胜、夺回战利品的希望寄托给他们呢？

在交战之前，敌对双方之间的均势可能是真实的，也可能是虚幻的，然而，当这种均势遭到破坏时，就必须借助外力才能重整旗鼓。如果没有这种外力，那么，即使做出新的努力也只是徒增消耗。所以在没有外力援助的情况下，即使主力斩获的战果是微弱的，这也会使均势发生偏移，除非有新的外力介入能够改变这种局面。

如果没有这种外力介入，获胜一方的统帅又是一个有强烈的荣誉心、不将对方赶尽杀绝就誓不罢休的人，那么失败者的那一方就必须有一个优秀的统帅，还得有一支久经战火考验而且有武德的军队，只有这样才能遏制住敌军势如浪涌的猛烈攻势，或者说只有通过小规模但是井然有序的抵抗，才能像开渠放洪一样，使敌军因为获胜而产生的影响在各个不同的小渠道里消失。

接下来我们再来谈谈胜利者对敌国的民众和政府的影响。这种影响主要表现为，能够使敌国民众和政府的美好希望成为梦幻泡影，能够折辱他们的自尊心，能够使恐惧情绪像瘟疫一样四处蔓延，能够使他们陷入完全瘫痪的状态。对于失败者来说，这是一种狂风骤雨式的打击。这种影响的表现程度可能会有所不同，但是不会绝对没有。在这种形势下，人们非但不会筹谋划策以图东山再起，反而会害怕即使努力也是徒劳无功，所以，即使有扭转战局的希望，他们也会停滞不前，或者束手待毙，将自己的命运完全交托给天意。

这种胜利产生的影响，固然与胜利一方的统帅的性格和才能有关，但是最为重要的还是促成胜利的各种条件，以及胜利所带来的后续条件。如果一个统帅懦弱畏葸，没有虽千万人吾往矣的精神，即使他能取得最为辉煌的胜利也无法斩获很大的战果；如果一个统帅果断刚毅，而且有一往无前的精神，但是因为有各种条件限制这些精神力量的发挥，这些精神力量也会很快成为无源之水。

如果利用科林会战战果的不是道恩，而是腓特烈大帝；如果进行勒登会战的不是普鲁士，而是法国；那么就会产生迥若云泥的效果。

能够使辉煌的胜利获得辉煌战果的各种条件，我们在后面谈到有关的问题时再仔细阐述，到那时我们才能明白，为什么有的胜利本身与它的成果之间是不对等的——从表面上看，这似乎是因为胜利一方的统帅缺乏魄力。

在这里，我们只是研究主力会战本身，只是想指出胜利会产生一定的影响，并且胜利越辉煌，这种影响就越大。也就是说，一次会战越是具有主力会战的性质，敌对双方越是倾尽全力，越是将所有的军事力量变成作战力量，越是出现全民皆兵的局面，胜利的影响就越大。

然而，我们在建立军事理论的时候，能够将胜利所产生的影响看成必然的吗？在建立军事理论的过程中，我们能够找到消除这种影响的方法吗？从表面上看起来，我们很容易给出肯定的答

库图佐夫召开军事会议

　　库图佐夫是俄国的名将，曾任俄军总司令，因为在1805年的奥斯特里茨战役中被拿破仑击败而被沙皇免职。1812年，俄军在斯摩棱斯克战役中失败之后，迫于紧张的局势和人民的请求，沙皇被迫再次任命库图佐夫为俄军总司令。

复，但是希望上帝保佑，我们千万不要像某些军事理论家那样，走到模棱两可的十字路口。

事实上，受制于事物自身的性质，这种影响是完全不能避免的。我们可以对此进行抵制，但是无法完全消除，它就像一颗自东向西发射的炮弹，虽然受地球自转的影响，它的速度会逐渐降低，但它依然是随着地球自转而运动。

在战争过程中，人的弱点始终存在，如影随形，战争也是处处针对人的弱点的。

大会战失败之后并非完全无计可施，在绝境中也并非无法卷土重来、东山再起，但是这并不是说大会战失败的影响能够因此被完全消除：因为人们用来挽救颓势的手段和力量——物质力量和精神力量——本来可以用到另外一些积极的目的上。

此外还有一个问题：有些在不失败的情况下根本不可能产生的力量（比如同仇敌忾的复仇心理），在大溃败之后反而会产生，事实上，在现实中，这种情况的确会出现，但是如何才能激起这种力量，不属于军事艺术理论的范畴。只有在假定这种力量会出现的前提下，军事艺术才将其列入考量范围之内。同时，我们必须知道，由于这种力量的作用，胜利者先前取得的胜利有时非但无益，反而有害。尽管这种情况极为罕见，但是既然这种情况存在，我们就有理由认为，由于失败者的民族特点或者国家特点不同，同样的胜利产生的结果也是不同的。

库图佐夫在前线部署作战计划

第十一章　主力会战（三）：如何运用会战

具体情况不同，战争的表现方式就不同，这是我们必须承认的一点。以此为基础，我们可以得出以下五点：

第一，战争的主要原则是歼灭敌军，对于进攻者来说，这是达到目的的主要途径；

第二，一般只有在战斗中才能歼灭敌军；

第三，目标不大，但是规模比较大的战斗往往使人得到大于预计的战果；

第四，若干战斗汇集为大会战，才能斩获最大的战果；

第五，只有在主力会战中，统帅才亲自指挥，在这种情况下，他宁愿相信自己。

根据上述五点，我们可以得出一个双重法则：大会战必须以歼灭敌军为主要目的；歼灭敌军主要是通过大会战本身及其效果来实现。这两个方面是相辅相成、缺一不可的。

当然，歼灭敌军这个目的有时候可以通过其他手段达到。（但是在这种情况下，歼灭敌军不是主要目的。）比如在条件有利的情况下，我们以少量军队歼灭的敌军数量往往出乎我们的意料；又如，在一次主力会战中，我们的目的只是为了占据某个阵地。但是总的来说，进行主力会战往往只是为了歼灭敌军，而且往往只有通过主力会战才能歼灭敌军。

从这个角度来说，应该将主力会战当成战争的集中体现，或者说应该将其视为整个战争的中心。战争中的各种力量，只有在都聚集于主力会战的情况下，才能产生集中性的效果。

几乎在所有的战争中，我们都应该尽力集中兵力，使之成为一个大的整体，由此可以看出，无论是进攻者还是防御者，往往都有这种用被集中在一起的兵力进行大会战的想法。

在战争的最初动机——敌对感情——一直发挥作用的前提下，如果大会战没有发生，这就说明有些因素缓和或者抑制了催生大会战的作用力；即使双方都按兵不动，持观望态度，他们也都会将在未来进行大会战作为主要目标。

战争越是成为真正的战争（直接对抗的武装冲突，或者说是战斗），越是成为发泄仇恨的渠道和制伏对方的手段，一切活动也越是会集中在大规模的主力会战中。

凡是行动果敢而且对战争寄予很高希望的人，必定是以严重损害敌军利益为目的的人，对于这样的人来说，采取主力会战的形式与敌军一决胜负就是最好的、最自然的手段。如果谁因为害怕大会战而消极避战，那么他就会付出惨重的代价。

一般而言，只有持有积极目的的进攻者才会发动主力会战，但是防御者要想根据战局需要完

博罗季诺会战中的俄军骑兵

成任务，在大多数情况下也会发动主力会战。

在战争中面临问题的时候，主力会战是最为残酷也是最为有效的办法。当然，主力会战的主要效果表现为，能够摧毁敌军的士气，而不仅仅是血流成河的互相残杀，但是这种残酷的大规模厮杀是难以避免的。

"屠杀"①这个词既与会战的名称有关，也与会战的性质有关，作为一个有七情六欲的人，统帅在面对大会战时总是会感到毛骨悚然。(除了恐惧之外，)更加使他的精神难堪重负的，是他面对的另外一个问题：必须通过此次会战与敌军一决高下。

在主力会战中，所有的行动都集中在时间和空间的某一个点上。从表面上看，在这种相对比较狭小的空间内，似乎没有一次性将所有的兵力都投入战场的可能，所以有许多人因此而将希望寄托给时间，认为只要有时间，就有克敌制胜的机会，然而事实并非如此，也就是说，这其实是一种错觉。大会战期间，人们在做重要决定的时候，往往都会受到这种错觉的影响，尤其是当一个统帅做重要决策的时候，这种错觉所能产生的影响更是强烈。

因此，在任何时代都有某些政府或者统帅对决定性的会战敬而远之，或者希望不战而屈人之兵（这种手段有时可以奏效），或者是在暗中对敌妥协（这种手段经常被用到）。有些历史学家或

① 德语中的"会战"一词由"屠杀"衍生而出。——译者注

理论家耗尽心血,对这些手段进行研究,希望从中找到更为高明的作战艺术,以及某种能够取代决定性大会战的东西。有些人深受这种流毒的影响,滥用"在战斗中应该合理使用兵力"的原则,误以为大会战是与正常的战争互相抵触的畸形物,是一种在错误的基础上产生的祸患,只有那些能够兵不血刃而克敌制胜的统帅才是优秀的统帅。

这种理论与人性的弱点臭味相投,所以很容易被人接受;发展到如今,虽然这种理论正在逐渐销声匿迹,但是谁也不敢保证在未来它不会沉渣泛起,我们也难以保证那些当权者不会受到这种理论的影响。或许在不久之后,那些因为受到这种颠倒是非的理论影响的人,会认为拿破仑指挥的战争是野蛮而愚蠢的,那些已经成为历史陈迹的花拳绣腿式的作战方法反而会受到他们的推崇。

如果我们建立的军事理论能够使人明白应该警惕什么,那么对于那些愿意听从劝告的人来说,这就是我们所做的贡献。

会战规模决定胜负程度,战争的概念是这样告诉我们的,实际经验也是这样告诉我们的。从古至今,只有巨大的胜利才会产生巨大的成就,对于进攻者来说,这是一条亘古不变的铁律,对于防御者来说,情况也几乎相同。比如拿破仑,如果他对大会战畏如蛇蝎,害怕流血,那么他就不会获得一生中最为辉煌的乌尔姆大捷——虽然这次大捷是建立在之前所获得的胜利的基础上。

尽管发动具有决定意义的会战是危险的,但是那些果敢强毅的统帅、百折不挠的统帅,甚至是那些寄希望于命运女神垂青的统帅,在建立功业的过程中,都会铤而走险,发动具有决定性意义的大会战。(面临危险性极大的大会战时,应该怎么办?)这些指挥官对于这个问题的答复,我们是很满意的。虽然有些统帅能够不战而屈人之兵,但是这不在我们的考虑范围之内。的确,血流成河的屠杀是可怕的,但是这也能够使我们更加严肃地对待战争;虽然人道主义很重要,但是我们不能因为它而使我们的刀剑生锈,否则敌军就会反过来将我们的手臂斩断。

由大会战所决定的胜负,并不是整体性的战争中不可或缺的唯一的胜负。在现代战争中,通过一次大会战决定整个战局的胜负的状况比较多见;但是通过一次大会战决定整个战争的胜负的状况,则是极为罕见的。

一次大会战的结局所能产生的意义,不仅仅取决于会战规模,还取决于敌对双方的国力和(整体)军事力量的其他方面的情况。但是,由既有兵力进行的大会战所产生的结果——胜负状况——也是很重要的。

我们在前面说过,胜负的规模的某些方面是可以预测的;经由大会战所产生的胜负结果,虽然在整体性的战争中不是唯一的,但是它对后续战斗的影响是不容小觑的;所以根据不同的情况,那些经过周密部署的会战,应该在不同程度上被当成某场军事行动的重心。

如果一个统帅能够抱着真正的战争精神进行战争(敢于进行实际战斗),并且抱定了不击溃敌人就誓不罢休的想法,那么在进行第一次会战的时候,他就越是有可能倾尽全力,希望在第一次会战期间击溃敌军,而不会有所保留。

必须在第一次会战期间彻底击溃敌军! 在拿破仑指挥的战争中,进行第一次会战的时候,他总是抱有这样的想法;腓特烈大帝曾经率领一支不是很强大的兵力,从俄国军队或神圣罗马帝国军队的后方发动攻击,希望借此开辟出新的战斗格局,虽然他指挥的这些战争规模不是很大,危险性也不是很高,但是他的想法和拿破仑是一样的。

在大会战中,统帅可以通过增加军队数量来增大胜算,关于这一点无须赘言;主力会战的规模越大,它对整体性战争的结局的影响就越大。所以,那些好大喜功而且踌躇满志的统帅,在兼顾其他方面的情况下,总是尽可能在大会战中投入最多的兵力。

大会战的战果大小,主要取决于四方面:第一,战术形式;第二,地形;第三,兵种比例;第四,兵力对比。

如果只是发动正面强攻,而不采取迂回战术,那么就很难看到采取迂回战术可以斩获的成果,也就是说,采取迂回战术往往可以迫使敌军或多或少地降低正面攻击的力度,但是如果只是单纯地依赖正面强攻,就有可能造成不必要的损失。

在地形复杂的地区进行会战的时候,进攻力量会受到很大的限制(地形限制),所以在地形复杂的地区进行的会战,所斩获的战果一般比较小。

如果胜利者的骑兵与失败者的骑兵势均力敌,或者更少,那么胜利者在发动追击的时候所获得的成果就会减少。

在采取迂回战术,并且因此而迫使敌军降低正面进攻力度的前提下,利用优势兵力获得的胜利成果,大于利用弱势兵力获得的成果。因为有勒登会战为佐证,所以有人会怀疑这个原则的正确性,在这里请允许我们引用一句平时不经常说到的话:万事无绝对。

通过有效利用上文所说的四个方面,统帅就可以使他指挥的大会战产生决定性的意义。诚然,(一旦他决定发动大会战,)他必须面对的风险就会增大,但是冒非常之险,方能建非常之功。

在战争中,主力会战的地位是至高无上的,最有智慧的战略规划的表现,就是能够为主力会战提供必备手段(比如兵力数量、军用物资等),巧妙地确定进行大会战的时间、地点、用兵方向;此外,如何巧妙地利用主力会战的成果,也是最有智慧的战略规划的表现之一。

这些因素的重要性是不容置疑的,但是它们并不是复杂的、难以捉摸的,恰恰相反,这一切都是很简单的,只要一个统帅有敏锐的判断力、勇往直前的魄力、坚定的意志和勇于冒险的精神——统帅不需要利用书本学习这些东西,而是需要从实践中学习——那么他就能够有效地利用它们。

要想进行主力会战,要想在主力会战中抢占先机,要想在主力会战中增加克敌制胜地把握,我们就必须对自己的力量有清楚地了解和自信,还得对事物的必然规律有明确的认识;或者说,我们必须具备一种洞若观火的观察力,而这种观察力只有依靠无所畏惧的勇气在实际生活中锻炼得来。

辉煌的史例是最好的老师,但是千万别让理论上的偏见像乌云一样遮挡住这些史例,因为即使阳光能穿云雾,也会产生折射。(在建立军事理论的过程中,)偏见有时候会像瘴气那样扩散开,所以我们建立理论的任务之一,就是粉碎这些偏见,因为理智上产生的错误,只能用理智来消除。

俄军骑兵追击法军

第十二章 战略上利用胜利的手段

为了夺取胜利,在进行战略部署时,就得做好准备,这是一件难度比较大的事情,也是战略所做的贡献,但是只有在夺取胜利的情况下,战略的功绩才会有所体现,否则就会被人忽略或者很难为人所知。

(除了主要目的,)会战还有什么特殊目的? 它对整个军事行动会产生什么样的影响? 在变幻不定的战局中该如何克敌制胜? 胜利的巅峰是什么? 这些问题,我们将在后文中予以讨论。

如果战胜了敌军而没有发动追击,就很难斩获巨大的战果;不管胜利之势能维持多久,其间必定有追击敌军的时间。在任何情况下,这都是事实。接下来我们将来谈谈这个在胜负已定之后随之出现的任务——追击敌军。

斯摩棱斯克战役

法军入侵俄国初期,俄军无力抵抗,只能坚壁清野,撤往本国腹地,同年8月中旬,也就是在博罗季诺会战之前,俄军与法军在斯摩棱斯克发生激战,战斗的结局是俄军战败,撤往莫斯科。

俄军传令兵

　　从敌军放弃战斗而撤离阵地的那一刻开始,我们就应该及时发动追击行动。虽然在此之前(胜负已定的那一刻到来之前),在交战过程中会出现此进彼退或此退彼进的拉锯状态,但是这些行为都从属于会战进程本身,而不是追击。在敌军丢弃阵地而撤退的那一刻,虽然对我军来说,获胜已是必然,然而此时胜利的规模并不大,胜利的影响也比较小;如果不抓住时机在此时发动追击行动,那么即使获胜,我们也无法得到更多的利益,原因如前所述:体现胜利的主要标志——战利品——往往是在追击活动中得到的。

　　接下来我们来谈谈追击活动。

　　进行大会战前夕,紧张的局势如箭在弦,敌对双方的军队往往在进入战场之前,体力就已经遭到了一定程度的削弱,在会战过程中,由于在长时间的厮杀中需要耗费极大的体力,所以在会战即将结束时,军队的体力已成强弩之末;此时,胜利者和失败者都会面临队形混乱的局面,只是混乱程度有所不同。

　　在这种形势下,必须进行短暂的休整,重整旗鼓,集结溃兵,重新补充弹药。但是正如我们此前说过的那样,这样做很容易使胜利者陷入危机状态。(因为在胜利者休整期间,敌军会趁机发动反扑。)如果被我们击败的只是敌军的一部分或者一个分支,那么在我们进行休整期间,它们就可能会与赶来的敌军会师,或者得到强大的支援。对于胜利者来说,已经到手的胜利就会因此而产生得而复失的危险,考虑这种危险,胜利者就会停止追击,或者给追击行动划定一个限度。退而言之,即使失败者得到增援也于事无补,但是由于上述状态——经过激战之后,胜利者的体力

准备发动反攻的俄军

已成强弩之末——即使胜利者发动追击,这种攻击的力量也会受到很大的限制;或者说,即使胜利者并不担心已经得手的胜利会得而复失,但是考虑在追击行动中可能遭遇的战斗会有所不利,既得利益会因为这些战斗而减少,所以在这种形势下,他们也会停止追击行动。

此外,人们的衰弱体力和人性上的弱点,也会对统帅的意志形成压力。因为在统帅麾下听候调度的千军万马都需要通过休整养精蓄锐,在体力受到严重损耗的前提下发动追击是危险的,所以他们往往都会要求停止这种活动。虽然有些人的眼光比较长远,在完成必要的任务之后,还希望发挥余勇,扩大战果——在其他人看来,在克敌制胜之后,这种扩大的战果只是一种可有可无的奢侈品——但是这样的人只是少数,能够左右统帅意志的往往是大多数人的呼声,而大多数人的呼声主要是通过各级指挥官逐渐传递给统帅的。

由于(经过大会战之后)统帅也面临着身心俱疲的问题,他们的意志已经遭到了一定程度的削弱,所以在面对部下呼声的时候,他们做到的往往少于他们本应该做到的,而且他们做到的往往是出于荣誉心和魄力的驱使,有时候也是因为环境所迫。这就可以解释,为什么有的统帅在集中优势兵力获胜之后,在应该趁胜追敌、扩大战果的时候反而踌躇不决。

在一般情况下,胜利后的初步追击仅限于大会战当天,最迟至当天夜间,因为在此之后,由于需要休整,应该停止追击活动。

按照程度来划分,初步追击活动应该分为以下三种:

第一,利用骑兵进行追击。由于地形障碍往往可以影响骑兵的活动,所以这种追击的目的主要是为了监视敌军和震慑敌军,而不是将敌军逼入绝境。虽然骑兵可以向敌军中那些士气低落的散兵游勇发动进攻,但是在对敌军发起整体性的追击时,它始终只是一种辅助兵种,(即使它向敌军发动攻击,)敌军也可以用预备队进行掩护,并且可以利用地形联合其他兵种进行有效抵抗,借此来保护撤退行动的安全。当然,只有已经真正完全丧失斗志的军队才会狼狈而逃。

第二,利用由各个兵种联合组成的前锋,发动强有力的追击。当然,大部分骑兵也需要参与这种追击行动。这种追击行动可以迫使敌军[①]一直撤退到本阵,或者可以迫使敌军转移到另外一个阵地。由于胜利者发起的追击行动往往是不间断的,所以失败者往往没有转移到另外一个阵地的机会;但是考虑能够与后援遥相呼应,胜利者的前锋发动追击的时候,追击活动的持续时间往往为一个小时,最多不超多三个小时。

第三,利用胜利者的所有军队全力出击,这也是力量最强的追击方式。即使失败者在地形方面有负隅顽抗的现实条件,然而,只要察觉到追击者有发动正面强攻或者迂回进攻的意图,他们往往就会望风而逃,至于他们的后卫,则更加不敢进行顽强地抵抗。

无论是发动哪一种形式的追击,在一般情况下,只要黑夜来临,就应该停止追击活动——即使追击活动还没有结束。如果打算发动夜间追击,那么这种追击活动的力度就得是极其猛烈的。

在大会战临近尾声时,各部分之间的正常联系和会战的正常步骤,都会遭到严重破坏,而且进行夜战时,多多少少都得将自己交托给运气,所以有许多统帅不愿意进行夜战。当然,在失败者已

俄军宿营

---

① 综合上下文来看,这里所说的“敌军”,应该指的是敌军的预备军,也就是为了掩护主力安全撤退而负责殿后的军队。——译者注

经土崩瓦解的情况下，或者在胜利者的军队武德出众、能够确保夺取最终胜利的情况下，可以进行夜战；否则，一旦进行夜战就得或多或少地听天由命，这恰恰是人们不愿意见到的，即使鲁莽的人也不愿看到这一点。即使会战结果是在夜幕到来之前的一瞬决定的，但是一旦夜幕来临，追击行动就应该停止。

在莫斯科的冬天作战的法军

　　离开莫斯科之后，俄军撤往本国内陆，法军曾多次侦察敌军的动向，意图继续作战，但是库图佐夫的行军行动非常巧妙，比较好地隐藏了俄军的踪迹。当时冬季来临，拿破仑知道情况不利，而且法军的阵线拉得太长，对军用物资的补充非常不利，于是决定撤退。

　　对于失败者来说，黑夜可以给他们提供卷土重来的喘息之机，或者可以使他们利用夜色的掩护摆脱敌军。当黎明到来的时候，由于败退的士兵已陆陆续续归队，先前弹尽粮绝的军队已重新得到物资供应，整个军队的秩序也已有所恢复，所以此时失败者的情况已经有所好转；如果此时他们想发动反攻，那么这次战斗就是一场新的战斗，而不是上次战斗的延续，即使它发动的反攻失败了，这也依然是一次新的战斗，而不是胜利者的战果的扩大化。所以，在可以发动夜战的前提下，即使胜利者只是利用由不同兵种联合组成的前锋发动追击，也能扩大胜利成果，比如勒登会战和滑铁卢会战就是例证。这种追击活动基本上都是战术活动，我们谈到它，只是为了使大家清楚地认识到，通过追击斩获的战果与通过其他手段斩获的战果是不同的。

在初步追击活动中迫使敌军退守到另外一个阵地，是所有的胜利者的权利。虽然胜利者通过主力会战获得的胜利成果所能产生的积极影响，有时候会因为后续情况和后续计划的影响而降低，但是初步追击活动在大多数情况下，不会受到后续情况和后续计划的影响，所以在建立军事理论的时候，我们可以忽略后续情况和后续计划（对初步追击活动）的影响。

在历史上那些规模比较小，而且局限性比较大的战争中，追击就像其他类型的军事活动一样，受到了一种毫无必要的约定俗成的限制。在当时那些统帅看来，在战争中最为重要的是维护胜利的荣誉，而不是追击穷寇，彻底歼灭敌军；或者说在他们看来，歼灭敌军只是作战手段之一，而且不是主要手段，更不是唯一的手段。一旦敌军甘拜下风，他们就愿意鸣金收兵。按照他们的说法：胜负已定，就应该停止战争，继续厮杀则是无谓的牺牲。

这种错误的理论，虽然不是人们做决策的唯一依据，但是它能够轻而易举地产生一种大行其道的荒谬想法：在力量都已耗尽的情况下，军队不可能继续进行战斗。如果一个统帅只有一支军队，而且这支军队即将执行力有不逮的任务，那么他当然应该珍惜兵力；然而，在发动追击行动的时候，他却不必投鼠忌器，因为在追击敌军的时候，我们的兵力遭受的损失，一般要远远小于敌军兵力所遭受的损失。那种错误的看法（在力量都已耗尽的情况下，军队不可能继续进行战斗）之所以阴魂不散，是因为很多人一直没有将歼灭敌军当成主要任务来对待。事实上，我们也可以看到，在历史上，只有查理十二、马尔波罗、欧根、腓特烈大帝这样的雄才，才会在胜负已定之后立刻发动强有力的追击，而大部分的统帅都是在占领了敌军阵地之后就心满意足了。

负伤的俄军近卫军骑兵

　　发展到如今，由于产生战争的条件更为复杂，战况更为激烈，这种墨守成规的限制才被打破，追击敌军也因此成了胜利者的主要任务之一，战利品的数量也因此大为增加。如果在现代会战中还会出现没有乘胜追击的情况，那么这往往只是由一些特殊原因而导致的特殊情况。

　　例如在格尔申会战和包岑会战中，由于骑兵占据主要优势，所以联军才得以避免一败涂地的大败局。在格罗斯贝伦和登纳维茨会战中，由于瑞典王储不愿发动追击，所以瑞典军队在克敌制胜之后选择了按兵不动。在拉昂会战中，由于年老的布吕歇尔将军偶有微恙，所以普鲁士军队也没有乘胜发动追击。

　　拿破仑指挥的博罗季诺会战也是这方面的例子（没有追击敌军），但是我们不能仅仅只是对拿破仑进行指责即可，关于这个战例，我们有必要进行比较详细的阐述。同时，我们也认为这种情况和与之类似的情况——会战结束时，因为形势所限，统帅无法发动追击——是极为罕见的。

　　法国的有些军事理论家和拿破仑的崇拜者求全责备，严厉斥责拿破仑没有追击穷寇，将俄国军队彻底驱离战场，更没有倾尽全力将俄国军队击为齑粉，否则就可以彻底击溃俄国军队——而不仅仅只是使其在会战中遭到失败。

　　如果详尽地论述当时俄、法军队所面临的情况，将会偏离我们的论述主题，但是有一点我们必须清楚：当拿破仑渡过涅曼河时，他率领的即将参加博罗季诺会战的军队总计三十多万，但是在正式进行会战的时候，他的兵力连十二万都不够。

　　根据当时的形势来看，攻占莫斯科是一切行动的焦点。博罗季诺会战之前，拿破仑可能担心以现有的兵力无法攻占莫斯科；在博罗季诺会战中击败敌军之后（仅仅是击败了俄军，而没有发动追击），因为预料到俄军不可能在八天之内发动第二次会战，所以拿破仑的看法有所改观，认为自己可以攻占莫斯科，他的意图是在攻占莫斯科之后，迫使敌军媾和；如果能在博罗季诺会战中彻底击败俄军，那么迫使敌军媾和的可能性就会大大增强——当然，前提是不惜任何代价攻占莫斯科；如果能够率领一支强大的军队兵抵莫斯科城下，就能控制整个俄国和俄国的政治中枢。

　　然而，后来的事实证明，抵达莫斯科城下的法军兵力无法完成这个任务。也就是说，如果拿破仑在博罗季诺会战中，为了歼灭俄国而倾尽全力，那么他根本就不可能得到攻占莫斯科的希望。（正是因为意识到了这一点，所以拿破仑在博罗季诺会战中有所保留，没有发动追击，彻底剿灭俄军。）在我们看来，拿破仑的决策是正确的。当然，由于这里涉及的问题比较复杂，不单单是追击敌军的问题，所以这种情况并不是由于统帅受到形势的限制而无法在会战胜利之后发动初步追击的例子。

　　博罗季诺会战当天下午四点钟，虽然胜负已定，但是俄军仍然占据着战场的半壁江山，并且没有弃阵而逃的打算，而是打算在拿破仑再次发动攻击时进行困兽之斗。虽然俄军知道与敌军鏖战的结局是失败，但是他们希望通过顽抗消耗敌军的兵力。所以，我们认为博罗季诺会战和包岑会战一样，都是没有进行到底的战役，但是包岑会战中的失败者愿意及早撤离战场，而拿破仑在博罗季诺会战期间却宁愿满足现状——只获得了半个胜利。这并不是因为拿破仑没有认清胜负已定，而是因为他的兵力不足以彻底歼灭敌军。

撤离俄国的法军

综上所述,关于初步追击,我们可以得出如下结论:斩获的战果的大小,主要取决于追击敌军时的力度;追击是获胜的后续步骤,而且在大多数情况下,这一步甚至比前面的步骤更为重要;只有在战术与战略接近的时候,才能有效利用战术成果,这就要求我们在战术上完胜敌军。

就深化胜利的效果而言,发动追击只是第一步,只有在少数情况下,胜利的效果才能通过初步追击得以体现。我们曾经说过,胜利的效果能够发挥多大的影响,是由许多条件决定的,在这里我们不打算探讨那些条件,只是打算谈谈与追击有关的一般状况。

就用力程度而言,追击可以分为三种:追踪、追歼,以及以截断敌军退路为目的的平行追击。

追踪可以迫使敌军撤退,直到撤退到可以再次进行战斗的地点,敌军才会停止撤退。从这个意义上来讲,仅仅是追踪,就可以有效发挥胜利的效力,追兵还可以在追击过程中虏获敌军来不及带走的兵员和辎重等。然而,这种行动不像另外两种追击行为那样,能够将敌军赶到土崩瓦解的绝境。

如果说我们发动追击的目的是为了获得更大的利益,而不仅仅是将敌军逐回大本营,或者占领敌军阵地——也就是说,每当敌方的生力军即将发动反扑时,我们就可以利用枕戈待旦的前锋将他们击退——那么我们就可以加大追击力度,将敌军驱入土崩瓦解的境地。

如果敌军在撤退过程中遭到无休无止的溃败,那么他们很快就会陷入土崩瓦解的局面。对于士兵来说,在经过强行军之后打算休息的时候,忽然听到敌军的炮声,这是很折磨人的事情。如果在一段时间内,天天得面对这样的情况,那么他们就会手足无措。在这种情况下,失败者不得不承认敌军的意志是无法战胜的——一旦意识到这一点,这对敌军的士气将会造成巨大的打击。

如果通过追歼行动，能够迫使敌军在夜间行军，那么这就等于追歼行动获得了很大的效果。因为失败者在被逼离开已经选定的营地的情况下，只能在夜间继续行军，或者是行军一段时间后另寻地点扎营，而胜利者却可以在此期间进行休整。

在发动追歼行动的时候，如何部署行军以及如何选择营地，取决于多方面的条件，在这些条件之中，军用物资、地形等条件尤为重要。只有惯于纸上谈兵的学究，才会利用几何学来说明如何通过追歼行动摆布失败者，迫使失败者在夜间行军，使自己的军队得到休整的机会。

在部署追击活动的时候，追歼行动是最为合适的，因为这可以大为提高追击的效果。对于发动追歼行动的军队来说，在执行任务的时候，他们面临的困难比在正常行军的情况下面临的困难多，因为在执行任务的时候，他们需要确定扎营地点，还需要合理支配一天的时间，所以在实际中，人们很少发起追歼行动。

比如在正常行军的时候，军队一般是早上出发，中午扎营，安排军用物资的供应，然后是夜间休息。但是在根据敌军的动向来安排自身行动的时候（追歼行动），面临的困难就大得多。因为在此情况下，我们需要在短时间内做出决策，有时候需要在早上行军，有时候需要在夜间行军，在一天中总是需要与敌军交火，进行炮战，或者进行战略迂回，发动零星的战斗。对于发动追击的军队来说，这自然会对他们形成巨大的压力：在正常的战斗中，人们本来就得面临沉重的压力，对于很多人来说，发动追歼行动并不是必要的负担，所以他们往往对此采取规避态度。（所以，追歼行动很少被人们采用。）

无论是对于整个军队，还是对于兵力强大的前锋，发动追歼行动都是适用的，虽然这种手段不是经常被用到。在1812年对俄军的战役中，拿破仑就很少用这种方法，不过这是因为在这次战役中达到目的之前，他的军队因为面临着巨大的困难有全军覆没的危险。至于在其他战役中，法国人还是通过这种方式发挥了出色的毅力。

与前两种方法相比，以截断敌军退路为目的的平行追击是一种最为有效的方法。

对于任何一支失败的军队来说，他们在退却时总是有一个理想的目的地。这个目的地可能是在撤退时不抢先占领就有可能受到威胁的地方，比如狭隘的通道；可能是抢先到达之后具有重大意义的地方，比如重镇要塞或者仓库；可能是抢先到达之后能够增加防御能力的地方，比如某个坚固的阵地，或者是与友军会和的地点。

如果追击者沿着与失败者撤退的道路相同的防线发动平行追击，那么失败者的败退过程就会加速，甚至有可能陷入狼狈逃窜的局面。

一般而言，在这种情况下，失败者有三种应对方法。

第一，出其不意地发动进攻，截击敌军。不过对于失败者来说，运用这种手段得手的可能性不是很大，只有果断刚毅的统帅和败而不溃的军队结合在一起的时候，才能成功的可能，所以这种手段一般不会被失败者用到。

第二，加速撤退。但是这恰恰是胜利者希望看到的，而且这种行为会使军队劳累不堪，中间可能会出现兵员掉队、大量辎重不得不被抛弃等会造成严重损失的问题。

第三，避开敌军，远离敌军，尤其是绕开那些容易被截断退路的地点，轻装行军，这样可以避免一些仓促撤退时可能遭到的损失。在三种方法中，这是下策，就像一个旧债未清的人又添新债，往往会使人陷入更为狼狈的局面。但是在个别情况下，这个办法还是比较有效的，有时候它甚至是唯一有效的方法，而且也有这样做而成功的先例。一般而言，人们采用这种方法往往不是因为认为采取这样的方法更容易到达目的地，而是因为害怕与敌军交火。

对敌军怀有畏惧之心而不敢与之交火的统帅多么可怜！即使自己的军队的士气低迷不振，即使一旦与敌军交手，自己就有可能落到不利地位的担心不是多余的，然而，因为畏惧而在面对敌军的时候踌躇不前，只会对自己更为不利。如果拿破仑在1813年为了避免哈瑙会战，而选择在曼海姆或者科布伦茨渡过莱茵河，那么，在哈瑙会战之后，即使要求他带领三四万人渡过莱茵河也是奢望。这也说明失败者可以利用地形进行有效的防御，并且可以谨慎地进行一些小规模的战斗。

（在遭到追击的情况下，）只有利用上述三种办法才有可能振奋士气。（在利用这三种方法的前提下，）即使是微乎其微的战果，有时候也会带来令人意想不到的有利局面。对于大多数指挥官来说，要想利用这三种方法，就得克服前怕狼后怕虎的心理，的确，避开敌军似乎是最容易做到的，所以很多人都愿意采取这种方法，但是这恰恰正中胜利者下怀，并且会使自己落入彻底失败的境地。

在这里必须说明的是，我们所说的被追击者，指的是整个军队，而不是一支后路被截断而企图通过绕道行军而与友军会和的军队。这两种情况是截然不同的，而且在后一种情况下，获得成功的情况并不罕见。

这种失败者与追击者赶往同一个目标的竞赛必须具备一个条件：追击者必须有一部分兵力紧紧咬着敌军的尾巴，以便缴获战利品，并且还得使失败者总是感受到尾随其后的敌军的威胁。比如布吕歇尔在从滑铁卢到巴黎追击法军的过程中，在其他方面都做得很出色，只有这一点没有做到。

当然，这样的追击行动也会使追击者遭到一定程度的削弱。如果失败者与另一支兵力强大的友军会和，或者率领他们的是一个优秀的统帅，而追击者自身还没有做好歼灭敌军的准备，那么在这样的情况下，发动追击行动就是不合时宜的。但是，在各方面条件都具备的情况下，遭到追击的时候，失败者的损失会因为掉队士兵和伤员的增多而加大，此时，由于担心遭到歼灭，士气一落千丈，这样的军队几乎无法进行真正的抵抗，甚至每天都有成千上万的人不战而降。

在这种幸运的时刻，胜利者不必担心兵力分散的问题，他们可以倾力而为，投入所有的兵力截击敌军的单支军队，攻占守备空虚的重镇要塞。也就是说，在出现新情况之前（敌军具备卷土重来的力量之前），胜利者可以为所欲为，他们越是这样做，新情况就出现得越晚。

在拿破仑指挥的战争中，通过巨大的胜利和有效的追击而斩获辉煌成果的例子多不胜数，只要回忆一下耶拿会战、勒根斯堡会战和滑铁卢战役就可以看出这一点。

第十三章　会战失败后的退却

在失败的会战中，军队的力量必定会遭到破坏，而且与物质力量遭到破坏的程度相比，精神力量遭到破坏的程度一般更加严重。如果（失败者）在新情况（对自己有利的情况）出现之前轻率地进行第二次会战，就会遭到更加彻底的失败，甚至有全军覆没的危险——在军事上来说，这是一条铁律。

就性质而言，撤退行动应该恢复到力量均势有所恢复为止。恢复力量均势，有时候是因为得到了增援，有时候是因为有坚固的要塞为屏障，有时候是因为地形有利，有时候是因为敌军兵力分散。力量均势什么时候可以恢复，一般取决于遭受损失的程度，但是更为主要的，是取决于敌军的状况。虽然战败初期，失败者的处境没有丝毫改善，但是他们在撤退到某个地点之后就能卷土重来，这样的例子不是很多见吗？这主要是因为胜利者在精神方面有缺陷，在会战中获得的优势无法成为发动追击行动的有力支撑。

为了利用敌军在精神方面的缺陷；在形势所要求的范围内，为了不做过多的让步；或者说，为了尽可能地保持自己的精神力量，必须边战边退，使撤退行动有条不紊地进行。一旦发现追击者的行动超过了他们的优势所能支撑的范围，那么就有必要进行坚决回击。

那么，关于撤退的最好的理论是什么呢？显然，伟大的统帅和一支久经战火锤炼的军队在撤退时，应该像一只受伤的狮子那样撤退。

事实上，人们在撤退的时候，往往不是迅速摆脱危险，而是喜欢玩弄一些花拳绣腿，无谓地浪费时间，这当然是很危险的。虽然迅速摆脱危险是很重要的，而且久经战火锤炼的指挥官都对这一点了然于胸，但是，大会战失败后的撤退与摆脱一般性的危险是不一样的。如果有人以为在大会战失败之后，通过几次强行军就能摆脱危险，那么这就是滑天下之大稽。

在此情况下，撤退初期应该尽量缓慢，或者说，应该以不受敌军摆布为原则。要坚持这个原则，就意味着必须与尾随其后的敌军进行血战，即使做出牺牲也在所不惜。如果不遵守这个原则，在一开始就加速撤退，那么这就会使败而不溃演变为大溃败。在这种情况下，因为掉队而损失的兵员数量，比殿后的军队因为作战而损失的兵员数量更大，而且仓促撤退会使人心惶惶，连最后残留的一丝士气都会因此而完全丧失。

简而言之，在撤退行动中部署一系列小规模的会战，是保证有条不紊地撤退的手段。具体的方式就是利用一支战斗力强悍的军队殿后，由骁勇善战的指挥官调度，在关键时刻，全军应该给予强有力的支援，并且能够巧妙地利用地形，在敌军的前锋草率行动的时候，利用有利的地形设伏攻击。

　　每一次会战的持续时间和能够有效利用的条件是不同的，所以会战失败后在撤退的时候面临的困难也是不同的。通过观察耶拿会战和滑铁卢战役，我们可以看到与敌军的优势兵力进行殊死搏斗之后，进行撤退行动时的混乱程度有多大。

　　有的人认为在撤退时可以分部行动，即将军队分成几部分撤退，或者以离心运动的方式（同时）撤退。如果分部退却的时候，各个不同的部分依然能够协同作战，并且能够始终保持同样的作战意图，那么这个问题就不在我们的考虑范围之内。

　　但是，如果做不到这一点，那么分部撤退就是危险的。因为任何一支军队在会战失败之后撤退时，都处于疲惫不堪的虚弱状态，此时最为需要的是集中兵力，并且需要在集中兵力的过程中恢复秩序，重振士气。如果在敌军发动追击的时候反而将兵力分散，去攻击敌军的侧翼，这就是错误的。如果敌军统帅是一个懦弱的书呆子，那么这种方法有可能奏效；如果无法确定敌军的统帅有这个毛病，那么我们就不能以身犯险。如果会战过后的战略形势要求我们分散兵力，以便防护侧翼，那么这也仅仅是一时需要，或者说这只是迫不得已而为之的下策，而不应该过分地分散兵力。当然，在会战结束当天，人们往往很难做到这一点。

　　在科林会战之后，腓特烈大帝放弃了对布拉格的围攻，兵分三路撤退。这并不是他的本意，而是他的兵力部署状况和迫在眉睫的掩护萨克森的任务迫使他不得不如此。布里昂会战之后，拿破仑命令马尔蒙向奥布河方向撤退，自己则率军渡过塞纳河向特鲁瓦行进，虽然这次行动没有给他带来不利，但是这主要是因为联军同样分散了兵力——一部分转向马恩河，一部分则因兵力不足，行进缓慢——所以没有向他进攻。

第十四章　夜袭

怎么进行夜袭？夜袭的特征是什么？这些都是战术上的问题，接下来，我们将对夜战进行考察，但是我们仅仅是将它作为一种特殊的手段。

事实上，夜袭只是一种力度比较大的奇袭。

按照人们的想象，防御者和进攻者的处境是不同的：防御者遭到攻击总是出乎意料的，进攻者对于即将发动的进攻则是早有预谋，所以从表面上来看，夜袭似乎是一种能收到奇效的进攻方式。（然而，这种想法往往是错误的。）因为按照这些人的设想，一旦遭到夜袭，防御者总是处于混乱失序的情况中，而进攻者只需要在乱局中收获战利品即可，所以他们认为发动夜袭是有效的，但是在事实上，夜袭是比较少见的。

之所以产生这种想象，是因为这些人认为进攻者对防御者的防御措施了如指掌，进攻者事先谋划的进攻措施，是建立在通过侦察和研究而得到的情报的基础上，这些进攻措施都是有针对性的；相反，防御者对进攻者即将采取的措施则一无所知。

然而，进攻者无法保证自己的计划完全不外泄，防御者的措施也不会完全被敌军侦知。霍赫基尔希会战期间，奥地利的军队和腓特烈大帝的军队之间的距离，甚至可以近到触手可及，如果我们与敌军之间的距离没有这么近，那么我们就只能通过斥候和被俘获的敌探得知敌军的动向。当然，通过这种方式了解的情况不是面面俱到的，也不可能是完全正确的，因为敌军的动向可能会随时发生改变，我们得到的情报有时候是过时的。

在旧战术和旧的野营方式比较流行的时代，侦察敌军的兵力配置情况是比较容易的，但是在如今这个时代，侦察敌军的兵力配置情况的难度比较大。对于进攻者来说，他们必须了解防御者的兵力配置状况，以及防御者在战斗过程中可能采取的措施。因为在现代战争中，防御者在战斗过程中可能采取的措施，往往比战斗前采取的准备措施多，而且他们的兵力配置比较灵活，所以有时候他们能够出其不意地对进攻者发动反扑。从这个意义上来说，进攻者在发动夜袭时，对防御者的了解是有限的，有时候进攻者对防御者更是一无所知。

与进攻者相比，防御者还有一个优势，那就是他们对阵地内的地形比较熟悉，在目不能见物的黑夜，他们比进攻者更容易辨明方向，好像一个人对自己的家很熟悉一样，他们很容易就能知道自己的军队分布在哪里，能够比较容易地到达某地。由此可见，在发动夜袭时，进攻者必须像防御者一样了解情况,只有在特殊情况下,才能发动夜袭。这里所说的特殊原因,只是与军队的某一部分有关,而不是与整体军队有关,所以一般只有在从属性的战斗中才会发动夜袭,在整体性的大会战中发动夜袭的情况是极为罕见的。

如果条件有利,我们可以集中优势兵力进攻敌军的一个分支,通过发动围攻,达到全歼敌军的目的,即使达不到这个目的,也应该使敌军遭到巨大的损失。但是,发动这种进攻的前提,是我们必须做到出其不意,否则就无法达到目的。因为敌军的任何一个分支都不会自投罗网,而是会极力规避这种战斗。

一般而言,只有在两种情况下可以做到出其不意:或者是利用隐蔽性非常好的地形,或者是发动夜袭。所以,如果我们打算利用敌军在兵力配置方面的缺陷达到上述目的(通过围攻全歼敌军,或者使敌军遭到巨大的损失),往往需要发动夜袭;即使正式的战斗是从拂晓时分开始,我们也应该在夜间预先做好战斗部署,比如对敌军的前锋或者其中的一部分军队发动小规模的夜袭,这样做的关键在于利用好优势兵力,进行战术迂回,通过出其不意的进攻迫使敌军在形势不利的情况下进行战斗,或者说必须使敌军遭到巨大的损失才能脱身。

如果被围攻的敌军兵力庞大,对它发动这样的攻击的难度就比较大,因为兵力庞大的军队的作战手段比较多,在援军抵达之前,他们能够进行长时间的顽抗。所以在一般情况下,我们不会将敌军整体作为夜袭的对象。尤其是在现代,任何军队对夜袭都会有所防备。

别列津纳河战役

法军撤离俄国途中,抢渡别列津纳河时,尾随而来的俄军发起突袭,法军损失大半之后才勉强渡河。

发动围攻能否达到预期的效果，往往不是取决于能否做到出其不意，而是取决于其他条件。在这里我们并不想详细研究这些条件，而只是想指出，围攻固然有比较大的效果，但是危险性也比较大，所以除了个别情况，如果打算发动围攻，我们就必须像围攻敌军的一部分兵力那样具有优势兵力。

在夜间包围敌军的一部分兵力，可行性还是比较高的。对于我们来说，不管我们投入的兵力占据多大的优势，它也只是我们整体性兵力中的从属部分。事实上，在这种风险性比较高的战斗中，人们只会投入一小部分兵力作为筹码，而不会将所有的军队作为赌注。除了用于夜袭的兵力，后备兵力不但可以提供支援，也可以在夜袭军队被击退时予以收容，这就可以降低发动夜袭的风险。

发动夜袭时只能投入部分兵力，不仅仅因为这是一种冒险行为，也因为发动夜袭时面临的困难比较多。我们说过，发动夜袭的基础是做到出其不意，所以发动夜袭的时候必须注意隐蔽。相对于大部队而言，小股兵力显然比较容易做到这一点，要想让整个军队做到这一点，则更是难上加难。所以在一般情况下，我们只能对敌军的前哨兵力发动夜袭，或者，如果敌军兵力庞大，我们只有在敌军配置的前哨比较少时才能发动夜袭。比如腓特烈大帝在霍赫基尔希会战中之所以遭到夜袭，就是因为配备的前哨兵力比较少。当然，相对于从属兵力而言，整个军队遭到夜袭的情况是很少见的。

在如今这个时代，战争进程更为迅速，战况更为激烈，在胜负形势还不明朗的时候，敌对双方始终处于剑拔弩张的状态。虽然双方军队之间的距离经常比较近，而且不设置前沿岗哨，但是这并不意味着敌对双方之间没有做好充分的战斗准备。

在以往的战争中，有一种与此相反的状态：或许除了彼此牵制之外，敌对双方并无其他企图，但是彼此还是会在触手可及的距离之内扎营，并且保持长期的对峙状态。比如腓特烈大帝在与奥地利军队作战期间，双方经常在火炮攻击射程之内保持好几个星期的僵持状态。

然而，在现代战争中，这种便于发动夜袭的扎营情况已经销声匿迹了。如今的军队已经不需要携带给养和野营必需品，所以敌对双方之间的距离应该为一日行程。如果我们还想继续考察对敌军发动夜袭这个问题，那么我们可以看出，能够产生夜袭行动的动因为以下四点：

第一，敌军特别莽撞，但是这种情况是不常见的，即使有这种情况，敌军在精神上的优势也可以弥补这个缺失。

第二，敌军惊慌失措；或者，虽然我军的指挥失效，但是我军的士气可以弥补这一点。

第三，敌军的兵力占据优势地位，而且对我军形成包围，我军必须打破敌军的包围圈。在这种情况下，我们所有的行动都必须以出其不意为基础，只有以突破敌军的包围圈为主要意图，才能激起我军的同仇敌忾的士气。

第四，敌我双方兵力悬殊，我军居于不利地位，必须铤而走险才能得到转圜之机。

此外，上述四种情况必须同时具备一个条件：敌军近在咫尺，而且没有前卫掩护。

由于大部分夜袭都是在平明时分结束的，所以接近敌军和发动攻击时都必须在黑夜里进行，这样进攻者才能有效地利用敌军的混乱而获益。如果只是在黑夜里接近敌人，但是战斗在平明时分才开始，那么，这就算不上是夜袭。